Damon Runyon

Schwere Jungs & leichte Mädchen

»Damon Runyon wurde zwar in Manhattan geboren, aber im falschen, in Manhattan (Kansas), 1880, als das noch im Wilden Westen lag, und Viehtreiber, Zocker, Saloon-Huren und Kopfgeldjäger hatten – wenn schon sonst nichts – von den Indianern gelernt, im und für den Augenblick zu leben, weshalb sprachlicher Schnickschnack wie Imperfekt und Futur bei ihnen auf wenig Verständnis stieß, und darum sprachen auch wir als Pennäler jahrelang Runyonesisch im erzählenden Präsens: ›Als ich vorgestern in den Bürgerstuben Willi-das-Wiesel treffe, richte ich das Wort an ihn wie folgt …‹«

Harry Rowohlt

DAMON RUNYON

Schwere Jungs & leichte Mädchen

STORIES
VOM BROADWAY

HAFFMANS VERLAG
BEI ZWEITAUSENDEINS

Die Originalausgabe »Guys & Dolls« erschien bei
J. B. Lippincott, Philadelphia 1932.
Deutsch von Georg Albrecht von Ihering, Hamburg, 1953
unter dem Titel
»In Mindy's Restaurant«.
Neuausgabe im Haffmans Verlag, Zürich, 1998

1. Auflage, Juni 2018

Umschlagbild von Al Hirschfeld.
© Al Hirschfeld. Reproduced by arrangement
with Hirschfeld's exclusive representative.
The Margo Feiden Galleries Ltd., New York.
Gestaltung & Produktion von Urs Jakob,
Werkstatt im Grünen Winkel, CH-8400 Winterthur.
Gesamtherstellung: CPI books GmbH, Ulm.

Dieses Buch gibt es nur bei Zweitausendeins.

ISBN 978-3-96318-017-0

Inhalt

Butch paßt aufs Baby auf

Eines Abends, so um sieben Uhr rum, sitze ich in Mindys Restaurant und schwelge in Gefilte Fisch, meinem Leibgericht, als drei Figuren aus Brooklyn reinkommen, die unter folgenden Namen bekannt sind: Harry das Roß, Klein-Isidor und Spanier-John.

Diese Figuren gehören nicht grade zu der Sorte, mit der ich gern viel zu tun habe, weil ich oft Gerüchte über sie höre, die sehr ehrenrührig sind, selbst wenn diese Gerüchte nicht stimmen. Ich höre sogar, daß viele Bürger von Brooklyn heilfroh sind, wenn Harry das Roß, Klein-Isidor und Spanier-John woanders hinziehen, weil sie dauernd was anstellen, wodurch der Ort nach allgemeiner Ansicht in üblen Ruf kommt, wie zum Beispiel, daß sie Leute ausplündern, niederknallen oder niederstechen oder mit Handgranaten nach ihnen schmeißen und sich überhaupt ganz allgemein schlecht aufführen.

Ich bin wirklich sehr überrascht, diese Herrschaften hier am Broadway zu sehen, weil stadtbekannt ist, daß die Blauen am Broadway kein größeres Vergnügen kennen, als solche Herrschaften feste rumzuschubsen. Aber da sind sie nun schon mal bei Mindy und ich auch, und daher begrüße ich sie natürlich mit einem kräftigen Hallo, weil ich nicht gern einen unhöflichen Eindruck machen möchte, besonders nicht auf solche Herrschaften aus Brooklyn. Sofort kommen sie an meinen Tisch und setzen sich einfach ran, und Klein-Isidor langt gleich rüber und kapert sich ein Riesenstück von meinem Gefilte Fisch mit den Fingern, aber das übersehe ich, weil ja ich das einzige Messer am Tisch benutze.

Dann fixieren sie mich alle drei, ohne einen Ton von sich zu geben, und die Art, wie sie mich anglotzen, macht mich tatsächlich ganz nervös. Schließlich denke ich, daß sie sich vielleicht ein bißchen befangen fühlen in so einem feudalen Lokal wie Mindy, voller ehrenwerter Leute, drum bemerke ich zu ihnen sehr höflich:

»Schöner Abend heute.«

»Was ist so schön dran?« fragt Harry das Roß, ein dürrer Kerl mit einem scharfgeschnittenen Gesicht und stechenden Augen.

Mir persönlich kommt es so vor, als ich mir Harrys Geschichte anhöre, als ob der Lohnbuchhalter ein sehr unehrenhafter Charakter sein muß, wenn er darauf eingeht, sich ohne einen Mucks niederschlagen und das Geld seiner Firma abnehmen zu lassen. Aber das ist natürlich nicht meine Sache, drum beteilige ich mich auch nicht an der Unterhaltung.

Kurz und gut, Harry das Roß, Klein-Isidor

und Spanier-John wollen das Geld scheints aus dem Safe rauskriegen, aber keiner von ihnen hat die geringste Ahnung vom Geldschrankknacken, und wie sie so in Brooklyn drüben am Überlegen sind, wie man die Sache wohl deichseln kann, fällt Harry plötzlich ein, daß der Dicke Butch früher mal beruflich als Geldschrankknacker tätig gewesen ist.

Wie ich später erfahre, gilt der Dicke Butch seiner Zeit tatsächlich als der beste Geldschrankknacker östlich vom Mississippi, aber der Arm des Gesetzes schickt ihn eines Tages deswegen nach Sing-Sing, und nachdem Butch schon dreimal hintereinander wegen Geldschrankknackens in Sing-Sing ein- und ausgegangen ist, hat er ein für allemal genug von dieser Lokalität, besonders als im Staat New York ein Gesetz rauskommt, wonach ein Kerl, der zum viertenmal zu Sing-Sing verknackt wird, lebenslänglich dort bleiben muß, und zwar ohne jede Widerrede.

Deshalb hängt der Dicke Butch den Geldschrankknacker-Beruf an den Nagel und macht sich als bescheidener Geschäftsmann selbständig, und zwar mit dem Vertrieb von verbotenem Bier oder hin und wieder auch von ein bißchen Whisky, und wird ein ehrbarer Mitbürger. Obendrein heiratet er ein Nachbarskind drüben von der Westseite namens Mary Murphy, und ich taxiere, das Baby, das da oben auf der

Treppe liegt, stammt aus dieser Ehe zwischen dem Dicken Butch und Mary, weil ich feststellen kann, daß es wirklich ein ungewöhnlich ordinär aussehendes Baby ist. Allerdings habe ich überhaupt noch nicht viel Babys gesehen, die einen Schönheitspreis verdient hätten.

Also, es stellt sich schließlich raus, daß Harry das Roß, Klein-Isidor und Spanier-John sich ausgedacht haben, Butch soll jetzt den Geldschrank von der Kohlenfirma knacken und die Lohngelder rausholen, und sie sind bereit, ihm für seine Bemühungen fünfzig Prozent von dem Zaster zu überlassen, während sie die andere Hälfte für sich nehmen, weil sie die Sache ausbaldowern, ferner zur Bezahlung der Spesen, wie zum Beispiel für die Entlohnung des Lohnbuchhalters, was mir eine ziemlich faire Offerte für den Dicken Butch zu sein scheint. Aber Butch schüttelt nur den Kopf.

»Ist nicht mehr modern«, sagt Butch, »kein Aas knackt heute mehr Geldschränke. Sie bauen diese Kästen zu stabil und haben lauter Drähte dran mit Alarmvorrichtungen und machen einem überhaupt viel zu viel Ungelegenheiten. Ich bin jetzt ein solider Geschäftsmann und hab mein gutes Auskommen. Ihr Jungens wißt ja, ich kann nicht riskieren, noch mal hochzugehen, wo ich schon dreimal weggewesen bin, und abgesehen davon muß ich auf das Baby aufpassen. Meine Alte hält heute abend bei Mrs. Clancy in der Bronx Totenwache und wird höchstwahrscheinlich die ganze Nacht dort bleiben, weil Leichenschmäuse ihre ganze Leidenschaft sind. Deshalb muß ich auf klein John Ignatius junior aufpassen.«

»Hör mal zu, Butch«, sagt Harry das Roß, »es handelt sich um eine ganz kinderleichte Kiste, ein ganz altmodisches Ding, das du mit nem Zahnstocher aufkriegen kannst. Drähte sind auch keine dran, weil sie seit Jahren schon keinen Groschen mehr reintun. Die zwanzig Mille legen sie heute abend nur rein, weil mein Kollege, der Lohnbuchhalter, mit der Pinke absichtlich so spät von der Bank zurückkommt, daß sie heute nicht mehr auszahlen können, besonders nachdem ihm klar wird, daß wir ihn verfehlen. Es ist das müheloseste Ding, das du jemals drehst, und wo laufen einem heute zehn Mille so leicht über den Weg?«

Ich merke, daß der Dicke Butch sich die zehn Mille doch sehr ernsthaft durch den Kopf gehen läßt, weil es sich heutzutage niemand leisten kann, zehn Mille so ohne weiteres aus der Hand zu lassen, besonders wenn einer im Biergeschäft steckt, das momentan sehr schwierig ist. Aber endlich schüttelt er wieder den Kopf und äußert sich wie folgt:

»Nee«, sagt er, »ich muß es schwimmen lassen, weil ich aufs Baby aufpassen muß. Meine Alte ist darin sehr, sehr eigen, und ich riskiere nicht, klein John Ignatius auch nur ne einzige Minute allein zu lassen. Wenn Mary nach Haus kommt und spitz kriegt, daß ich nicht aufs Baby aufpasse, gibts einen ganz gewaltigen Krach. Ich bin ebenso dafür zu haben wie jeder andere, gelegentlich mal nen ehrlichen Dollar zu verdienen, aber«, sagt Butch, »John Ignatius junior geht mir vor.«

Damit dreht er sich um und steigt die Treppe wieder rauf, um damit anzudeuten, daß für ihn die Diskussion erledigt ist, und er setzt sich wieder neben John Ignatius junior hin, grade noch rechtzeitig, um eine Mücke dran zu hindern, eins von Johns Beinen zu verspeisen. Für jedermann ist klar, daß Butch den Säugling zärtlich liebt, obwohl ich persönlich keinen roten Heller auch für kein ganzes Dutzend Säuglinge ausgeben würde, männliche oder weibliche.

Harry das Roß, Klein-Isidor und Spanier-John sind schwer enttäuscht und stehen da und reden miteinander, ohne mich weiter zu beachten, bis auf einmal Spanier-John, der bis dahin kaum den Mund aufmacht, eine glänzende Idee zu haben scheint. Er redet auf Harry und Isidor ein, und ihre Gesichter hellen sich plötzlich lebhaft auf, und schließlich geht Harry zu Butch rauf.

»Scht-scht!« sagt Butch und deutet auf das Baby, als Harry seinen Mund aufmacht.

»Hör mal, Butch«, flüstert Harry ihm zu,

»wir können das Baby doch einfach mitnehmen, dann kannst du drauf aufpassen und gleichzeitig arbeiten.«

»Mensch!« antwortet der Dicke Butch im Flüsterton, »das ist ne Idee! Kommt rein, wir wollen die Sache mal durchsprechen.«

Er nimmt also das Baby auf und führt uns in seine Bude und holt ein ganz anständiges Bier herbei, wenn man auch schmeckt, daß er puren Alkohol reingespritzt hat, und wir sitzen in der Küche rum und bequatschen die Geschichte leise. In der Küche steht eine Wiege, und Butch legt das Baby da rein, und es pennt prima weiter, während wir uns unterhalten. Der Säugling schläft tatsächlich derartig fest, daß ich langsam auf den Verdacht komme, Butch gibt ihm auch was von dem verfluchten Bier, das er uns da vorsetzt, denn mir selber wird auch schon ein bißchen schwummrig.

Schließlich sagt Butch, solange er John Ignatius junior mitnehmen kann, sieht er keinen Grund, weshalb er nicht hingehn und den Geldschrank für die Brüder knacken soll, nur, sagt er, muß er fünf Prozent mehr haben, die er für das Baby auf die Sparkasse legen will, wenn er zurückkommt, so daß er seine treuliebende Gattin damit besänftigen kann, falls sie meckern sollte, weil er das Baby mit in die Nachtluft rausnimmt. Harry das Roß sagt, seiner Meinung nach sind diese fünf Prozent extra ein bißchen happig, aber Spanier-John, der ein sehr anständiger Kerl zu sein scheint, erklärt, es ist schließlich nur fair, auch das Baby zu beteiligen, nachdem es bei der Sache mitmacht, und Klein-Isidor scheint das auch für gerechtfertigt zu halten. Harry das Roß läßt sich also breitschlagen und sagt, fünf Prozent sollens sein.

Fein. Wo sie nun aber erst nach Mitternacht losziehn wollen und noch eine Menge Zeit haben, holt der Dicke Butch noch mehr von dem Teufelsbier ran, und dann geht er, sein Werkzeug zu suchen, womit er die Geldschränke knackt und das er, wie er uns erzählt, seit dem Tag, an dem John Ignatius junior auf die Welt kommt, nicht mehr zu sehen kriegt und das er damals nur hervorholt, um die Wiege zu bauen.

Nun, das ist für mich jetzt der richtige Moment, mich von der ganzen Gesellschaft zu verabschieden, und was mich zurückhält, kann ich eigentlich bis auf den heutigen Tag nicht sagen, denn persönlich komme ich bis heute noch nie auf die Idee, bei ner Geldschrankknackerei mitzumachen, noch dazu, wo ein Baby dabei ist, weil ich eine solche Betätigung für sehr unehrenhaft halte. Wenn ich mir die Sache nachträglich überlege, scheint mir das kräftige Bier der einzige Grund zu sein, aber trotzdem möchte ich erklären, daß ich tatsächlich selber höchst erstaunt bin über mich, als ich mich gegen ein Uhr früh auf einmal mit diesen

Brüdern aus Brooklyn und mit dem Dicken Butch samt Baby in einem Taxi wiederfinde.

Butch hat John Ignatius junior in eine Decke gerollt, und John pennt immer noch wie ein Sack. Außerdem hat Butch noch eine Ledertasche mit Werkzeug dabei und dann noch etwas, was mir wie ein großes, dünnes Buch aussieht, und kurz ehe wir aus dem Haus rausgehen, reicht er mir ein Paket und sagt mir, ich solle sehr vorsichtig damit umgehen. Isidor gibt er ein kleineres Päckchen, das Isidor in die Tasche schiebt, wo er seine Pistole hat, und als Isidor sich in der Taxe hinsetzt, macht etwas »Mä-mä« wie ein Schaf, und Butch regt sich mächtig auf, weil Isidor scheints auf John Ignatius juniors Puppe sitzt, die »Mamma« sagt, wenn man sie drückt.

Der Dicke Butch taxiert wohl, daß John Ignatius junior vielleicht was zum Spielen haben möchte, falls er aufwacht, und es ist ein Segen für Klein-Isidor, daß die Mama-Puppe nicht zerquetscht ist, sondern noch Mama sagen kann, sonst hätt er wahrscheinlich ordentlich einen in die Schnauze bekommen.

Wir lassen die Taxe einen Block vor unserem Ziel zwischen der Siebenten und Achten Avenue halten und gehn den Rest des Weges in Grüppchen getrennt. Ich gehe zusammen mit Butch und trage das Paket, und Butch schleppt das Baby, seine Werkzeugtasche und das flache

Ding, das wie ein Buch aussieht. Es ist so still um diese Stunde hier unten in der Achtzehnten Straße, daß man sich beinahe selber denken hört, und ich höre mich auch tatsächlich deutlich denken, daß ich ein ganz dämlicher Idiot bin, mich überhaupt an so einem Ding zu beteiligen, noch dazu mit einem Baby dabei, aber ich stiefele trotzdem weiter mit, woran man sieht, was für ein blöder Hund ich tatsächlich bin.

Es befinden sich nur ganz wenig Leute in der Achtzehnten Straße, als wir hinkommen, und einer davon ist ein dicker Kerl, der ungefähr in der Mitte des Blocks an einer Hauswand lehnt und sich in Bewegung setzt, sobald er unser ansichtig wird. Dieser dicke Kerl ist scheints der Nachtwächter im Büro der Kohlenfirma und ebenfalls ein persönlicher Freund von Harry dem Roß, weshalb er auch abhaut, als er uns kommen sieht.

Es ist verabredet worden, ehe wir Butchs Wohnung verlassen, daß Harry das Roß und Spanier-John vor dem Gebäude Schmiere stehen sollen, während der Dicke Butch drin das Safe knackt, und daß Klein-Isidor mit Butch gehn soll. Kein Mensch hat ein Sterbenswort darüber verloren, wo ich mich während der ganzen Geschichte aufhalten soll, und es ist mir klar, daß ich, ganz egal wo ich auch stecke, immer nur das fünfte Rad am Wagen sein werde. Nachdem Butch mir aber das Paket zum

Tragen gibt, nehm ich an, daß er mich bei sich haben will.

Es macht überhaupt keine Mühe, ins Büro der Kohlenfirma, das im Parterre liegt, reinzukommen, weil der Nachtwächter scheints die Eingangstür offen läßt. Dieser Nachtwächter ist wirklich ein äußerst zuvorkommender Kerl, er ist sogar dermaßen zuvorkommend, daß er nach einer Weile wieder aufkreuzt und sich von Harry dem Roß und Spanier-John fachgemäß fesseln und mit einem Taschentuch knebeln und in den Durchgang neben dem Büro verstauen läßt, damit niemand auf den Gedanken kommen kann, er hat was mit der Geldschrankknackerei zu tun, falls jemand danach fragen sollte.

Das Büro liegt zur Straße hin, und der Geldschrank, den Butch für Harry das Roß und die beiden anderen knacken soll, steht an der Rückwand des Büros, den Fenstern nach der Straße gegenüber. Über dem Geldschrank brennt mit ganz schwachem Licht eine kleine elektrische Birne, damit jeder, der draußen vorbeigeht, wie zum Beispiel der Nachtwächter, durchs Fenster reingucken und den Geldschrank jederzeit sehn kann, wenn er nicht blind ist. Es ist kein sehr hoher Geldschrank und auch kein sehr breiter, und ich sehe, wie der Dicke Butch bei seinem Anblick grinst, also nehm ich an, daß dieser Geldschrank kein toller Geldschrank sein kann, genau wie Harry das Roß behauptet.

Sobald Butch, das Baby, Klein-Isidor und ich im Büro drin sind, geht Butch zum Geldschrank und entfaltet das, was ich für ein großes dünnes Buch halte, und was ist es? Eine Art Ofenschirm, der auf einer Seite so bemalt ist, daß er genauso aussieht wie die Vorderseite von einem Geldschrank. Butch stellt diesen Schirm in genügendem Abstand vor dem richtigen Geldschrank auf, wobei der Sinn der Sache der ist, daß der Schirm ihn bei seiner Arbeit am Geldschrank vor den Augen der Straßenpassanten verbirgt, denn wenn einer einen Geldschrank knackt, muß er sich dabei so ruhig wie möglich zurückziehen können.

Butch legt John Ignatius junior in seiner Decke hinter der Geldschrankattrappe auf den Boden, holt sein Werkzeug aus der Tasche und fängt an zu arbeiten, während Klein-Isidor und ich in eine dunkle Ecke verduften, weil wir nicht alle hinter dem Schirm Platz haben. Immerhin können wir beobachten, was der Dicke Butch macht, und wenn ich auch bis dahin noch nie einen berufsmäßigen Geldschrankknacker bei der Arbeit seh und auch nie wieder sehn möchte, muß ich doch hervorheben, daß dieser Butch wie ein wahrer Künstler zu Werke geht.

Er fängt an, um das Kombinationsschloß rum Löcher in den Panzer zu bohren, und er arbeitet dabei sehr schnell und ganz geräuschlos, als urplötzlich John Ignatius junior sich aufsetzt und

18

zu brüllen anfängt. Für mich ist das natürlich furchtbar beunruhigend, und wenn es nach mir geht, bin ich dafür, John Ignatius junior mit dem nächstbesten Gegenstand eins auf die Birne zu geben, damit er die Klappe hält, weil ich sowieso schon nervös genug bin. Aber das Gebrüll scheint den Dicken Butch nicht im geringsten zu stören. Er legt sein Werkzeug hin, nimmt John Ignatius junior auf den Arm und fängt an zu flüstern: »Na-na-na-na! Was hat denn mein Puddi-Bums? Pappi is ja doch da.«

Also, das kommt mir in so einer Situation ja kolossal idiotisch vor, und auf John Ignatius junior macht es überhaupt keinen Eindruck. Er brüllt feste weiter, und zwar brüllt er wohl ganz hübsch laut, denn ich sehe, wie Harry das Roß und Spanier-John am Fenster auftauchen und sehr besorgt reinlinsen. Butch wiegt John Ignatius junior hin und her und schwenkt ihn auf und nieder und flüstert in einer ganz läppischen Babysprache auf ihn ein, was aus dem Mund eines Geldschrankknackers von seinem Format höchst unwürdig klingt, und schließlich flüstert er mir zu, ich soll ihm das Paket geben, das ich unterwegs trage.

Er macht es auf, und was kommt zum Vorschein? Eine Säuglingsflasche voll mit Milch! Außerdem noch ein kleiner Kochtopf, und Butch drückt ihn mir in die Hand, wobei er mir zuflüstert, ich soll einen Wasserhahn ausfindig machen und den Topf füllen. Also zieh ich los, stolpere im Nebenzimmer in der Dunkelheit rum und stoße mich so und so oft ans Schienbein, bis ich endlich eine Leitung finde und den Topf mit Wasser vollaufen lasse. Wie ich ihn zum Dicken Butch zurückbringe, hockt er mit dem Baby auf dem Arm da und kramt eine Büchse mit Hartspiritus hervor, zündet sie mit seinem Feuerzeug an und geht daran, den Wassertopf mit der Milchflasche drin warm zu machen.

Er stippt immer wieder mit dem Finger ins Wasser, während es warm wird, und schließlich steckt er sich den Lutscher der Flasche in den Mund und saugt dran, um zu probieren, ob die Milch schon warm genug ist, genau wie ich das schon oft bei Frauen mit ihren Babys gesehen habe. Offenbar ist die Milch richtig, denn Butch hält John Ignatius junior die Pulle hin, der mit beiden Händen zupackt und genau am richtigen Ende zu nuckeln beginnt. Natürlich kann er jetzt nicht mehr brüllen, und Butch geht wieder an die Arbeit, während das Baby auf seiner Decke hockt, an der Pulle lutscht und dabei weise dreinblickt wie ein alter Uhu.

Der Geldschrank ist nun scheints entweder eine schwierigere Nuß, als alle vorher denken, oder Butch sein Werkzeug ist nicht mehr so in Schuß, wo es ja schon alt und rostig ist und er es zum Bau der Kinderwiege benutzt, denn er bricht ein paar Bohrer ab und arbeitet sich ganz hübsch in Schweiß, ohne weit damit zu kommen. Wie Butch mir später erklärt, ist er bei uns einer der ersten, die Geldschränke ohne Sprengladung aufkriegen, aber er sagt, um diese Arbeit sachgemäß zu bewerkstelligen, muß man den betreffenden Geldschrank genau kennen, damit man beim Bohren die Zuhaltungen im Schloß gleich richtig trifft, und anscheinend ist dieser Geldschrank hier trotz seines Alters für Butch was Neues, und obendrein ist Butch wohl auch außer Übung.

Aber mittlerweile hat John Ignatius junior seine Pulle ausgenuckelt und fängt wieder an zu brabbeln, und der Dicke Butch gibt ihm ein Werkzeug zum Spielen, aber schließlich braucht Butch das Werkzeug, und er versucht, es John Ignatius junior wieder wegzunehmen, worauf das Baby ein solches Gebrüll anstimmt, daß Butch ihm das Werkzeug vorläufig lassen muß, bis er es ihm endlich heimlich wegziehen kann, und das alles verzögert die Sache noch mehr.

Endlich gibt Butch den Versuch auf, den Geldschrank mit seinem Werkzeug zu knacken, und flüstert uns zu, daß er eine kleine Sprengladung anbringen muß, um das Schloß zu lockern, was uns nur recht ist, denn wir haben längst genug davon, rumzustehen und John Ignatius juniors Schmatzen anzuhören. Was mich persönlich betrifft, wünsche ich mir bloß, ich bin zu Haus im Bett.

Butch kramt also seine ganze Tasche durch und sucht was, und zwar eine kleine Flasche mit irgendeinem Sprengstoff, mit dem er das Schloß ein bißchen lockern will, und zuerst kann er die Flasche lange nicht finden, bis er schließlich entdeckt, daß John Ignatius junior sie hat und an dem Korken rumknabbert, und es kostet Butch einen schweren Kampf, bis das Baby die Flasche endlich rausgibt.

Na, jedenfalls stopft er die Sprengladung in eins von den Löchern, die er um das Schloß rum gebohrt hat, und dann bringt er eine Lunte an, aber ehe er sie anzündet, nimmt er John Ignatius junior auf und übergibt ihn an Klein-Isidor und schickt uns in das Zimmer hinter dem Büro. John Ignatius junior scheint sich nicht viel aus Klein-Isidor zu machen, wofür ich übrigens größtes Verständnis habe, er fängt nämlich in Isidors Armen mächtig an zu zappeln und brüllt wie am Spieß. Aber ganz plötzlich ist er mucksmäuschenstill, und wenn ich es auch nicht beweisen kann, schwant mir so was, als ob Klein-Isidor ihm den Mund zuhält.

Gleich darauf kommt Butch uns ins Hinterzimmer nach, und John Ignatius junior gibt wieder Laut, als Butch ihn Klein-Isidor abnimmt, und ich denke bei mir, ein Segen für Klein-Isidor, daß das Baby dem Dicken Butch nicht erzählen kann, was Isidor mit ihm anstellt.

»Ich tu nur eine ganz winzige Ladung rein«,

sagt Butch, »es wird nicht mehr Geräusch machen, als wenn man mit dem Finger schnippt.«

Aber eine Sekunde später bumst es ganz gewaltig nebenan im Büro, so daß die ganze Bude wackelt, und John Ignatius junior lacht begeistert los. Vielleicht denkt er, es ist Nationalfeiertag.

»Ich glaube fast, ich hab vielleicht doch zuviel von dem Zeug reingepackt«, sagt der Dicke Butch. Dann rennt er ins Büro, Klein-Isidor und ich hinter ihm her, und John Ignatius junior lacht immer noch, und zwar sehr herzhaft für so ein kleines Balg. Die Tür vom Geldschrank schwingt lose in den Angeln, und die ganze Bude sieht etwas mitgenommen aus. Aber der Dicke Butch verliert keine Zeit, sondern steckt die Pfoten in den Geldschrank und grapscht zwei dicke Bündel Geldscheine, die er vorne ins Hemd reinstopft.

Wie wir auf die Straße treten, kommen Harry das Roß und Spanier-John ganz aufgeregt angerannt, und Harry sagt zum Dicken Butch: »Was hast du vor?« sagt er, »willst du die ganze Stadt aufwecken?«

»Na wenn schon«, sagt Butch, »ich glaube ja fast auch, die Ladung ist vielleicht reichlich stark, was das betrifft, aber es scheint ja niemand zu kommen. Also geht ihr beiden man ruhig zur Achten Avenue rüber, und wir anderen gehen Richtung Siebente, und wenn ihr ganz harmlos die Straße langgeht und euch um nichts kümmert, ist alles in bester Ordnung.«

Aber ich taxiere, Klein-Isidor hat John Ignatius juniors Gesellschaft inzwischen satt, denn er erklärt, er will mit Harry dem Roß und Spanier-John gehn, und so schlagen Butch, John Ignatius junior und ich allein die andere Richtung ein. Wir gehn also los. Plötzlich kommen zwei Blaue um die Ecke geschossen, auf die Harry und Isidor und Spanier-John zusteuern. Es ist nicht ausgeschlossen, daß die Blauen das Erdbeben hören, das der Dicke Butch inszeniert, und mal nachsehen wollen, was da eigentlich los ist.

Vermutlich beachten die Blauen weiter nichts, wenn Harry das Roß und die anderen beiden ruhig weiterstiefeln, wie Butch ihnen sagt, weil es unwahrscheinlich ist, daß die Blauen auf den Gedanken kommen, jemand könnte in dieser Gegend Geldschränke mit Sprengstoff aufknacken. Aber kaum sieht Harry das Roß die Blauen, da verliert er den Kopf und zückt das gute alte Schießeisen und fängt an loszuballern, und natürlich zieht Spanier-John seins auch und knallt ebenfalls los.

Ehe man richtig weiß, was eigentlich passiert, liegen die beiden Blauen mit Kugeln gespickt am Boden, aber andere kommen aus allen Himmelsrichtungen angesaust, trillern auf ihren Pfeifen und knallen in die Gegend, und alles ist in hellster Aufregung, besonders als die Blauen, die nicht hinter Harry dem Roß und seinen beiden Kollegen her sind, anfangen, in der Gegend rumzuschnüffeln und Harrys Freund, den Nachtwächter, sauber gefesselt und verschnürt auffinden, wo Harry ihn liegen läßt, und der Wächter ihnen auseinandersetzt, daß ein paar Schufte den Geldschrank aufsprengen, den er bewacht.

Während der ganzen Zeit schlendern der Dicke Butch und ich in entgegengesetzter Richtung auf die Siebente Avenue zu, Butch mit John Ignatius junior im Arm, und John Ignatius junior brüllt jetzt wirklich wie am Spieß. Wahrscheinlich denkt er noch an den lauten Bums von vorhin, der ihm soviel Vergnügen macht, und möchte noch mehr Bumsen hören. Jedenfalls schlägt er seinen eigenen Rekord im Brüllen, und wie wir da so entlanglatschen, spricht der Dicke Butch zu mir wie folgt:

»Ich getrau mich nicht zu rennen«, sagt er, »denn wenn die Blauen mich rennen sehn, knallen sie sofort los, und dann könnten sie am Ende John Ignatius junior treffen, und außerdem wird ihm beim Laufen die Milch im Bauch durcheinandergeschüttelt und kommt ihm wieder hoch. Meine Alte schärft mir strengstens ein, John Ignatius junior ja nicht zu schütteln, wenn er den Bauch voll Milch hat.«

»Meinetwegen, Butch«, sage ich, »ich habe aber keine Milch im Bauch, und mir ist es egal, wenn ich ein bißchen durchgeschüttelt werde, darum werde ich mit deiner gütigen Erlaubnis an der nächsten Ecke einen kleinen Spurt einlegen.«

Aber grade in dem Moment biegen drei Blaue mit einem dicken Sergeanten um die Ecke der Siebenten Avenue, auf die wir zusteuern, und einer von den Blauen, der noch ganz außer Puste ist, als ob er mehrere 100-m-Läufe hinter sich hat, erklärt dem Sergeanten grade, daß jemand weiter unten in dieser Straße einen Geldschrank sprengt und auf der Flucht zwei Blaue anschießt.

Und da marschiert nun der Dicke Butch, John Ignatius junior auf dem Arm, zwanzig Mille vorn im Hemd und mit einer bemerkenswerten Ladung Vorstrafen auf dem Buckel, schnurstracks auf sie los.

Butch tut mir in tiefster Seele leid, und ich tu mir auch in tiefster Seele leid und ich schwöre mir, wenn ich dieses eine Mal noch mit nem blauen Auge davonkomme, werde ich, solange ich lebe, nur noch mit Geistlichen Umgang pflegen. Ich weiß noch, wie ich mir überlege, daß ich immerhin noch besser dabei wegkomme als Butch, weil ich nicht lebenslänglich in Sing-Sing eingebuchtet werde wie er, und ich weiß auch noch, wie ich mir Gedanken darüber mache, wozu sie wohl John Ignatius junior verknacken werden, der immer noch brüllt wie angestochen, während Butch ihm zuredet:

»Na-na-na, was hat denn Pappis kleiner Schnuggi-muggi-muggi?«

Dann höre ich, wie einer von den Blauen zu dem dicken Sergeanten sagt:

»Diese Brüder wollen wir lieber mal mitnehmen. Vielleicht gehören sie auch dazu.«

Ich seh schon, jetzt ist Feierabend für den Dicken Butch und John Ignatius junior und mich, als der dicke Sergeant auf Butch zusteuert. Aber statt ihn hoppzunehmen, deutet er nur auf John Ignatius junior und fragt voller Teilnahme:

»Zähne?«

»Nee«, sagt Butch, »Zähne nicht. Kolik. Ich hole grade eben den Doktor hier aus dem Bett, damit er was für ihn tut, und wir gehen zu einer Apotheke, um Tropfen zu holen.«

Junge, Junge! Ich falle natürlich vom Stengel über diese Behauptung, denn ich bin selbstverständlich gar kein Doktor, und wenn John Ignatius junior Kolik hat, so geschieht ihm damit nur recht, und ich habe nur die eine Hoffnung, daß sie mich nicht nach meinem Doktordiplom fragen, als der dicke Sergeant sagt:

»Tut mir wirklich leid. Ich kann ein Lied davon singen. Ich habe selber drei von der Sorte zu Haus. Aber«, sagt er, »es sieht mir doch mehr nach Zahnen aus als nach Kolik.«

Als Butch, John Ignatius junior und ich uns wieder auf den Weg machen, höre ich dann noch, wie der dicke Sergeant ganz sarkastisch zu dem Blauen sagt:

»Schlauberger! Wenn einer losgeht, um Geldschränke zu knacken, wird er grade ein Wickelkind mitschleppen! Aus dir wird bestimmt noch mal ein großer Detektiv!«

Ich bekomme den Dicken Butch mehrere Tage nicht zu Gesicht, nachdem ich erfahre, daß Harry das Roß, Klein-Isidor und Spanier-John gut wieder in Brooklyn gelandet sind, wenn auch ein bißchen angekratzt von den Kugeln, die die Blauen ihnen nachjagen, während die beiden angeschossenen Blauen auch nur leicht beschädigt werden. Wenn es nach mir geht, so kriege ich Butch wahrscheinlich jahrelang nicht mehr zu sehn, aber eines Abends kommt er mich besuchen und scheint über irgend etwas mächtig vergnügt zu sein.

»Hör mal«, sagt der Dicke Butch zu mir, »du weißt doch, ich habe einem Blauen noch nie die geringste Ahnung von irgend etwas zugetraut, aber eins muß ich doch sagen, dieser dicke Sergeant, dem wir da neulich nacht begegnen, ist ein ganz, ganz schlauer Vogel. Hat der Kerl doch tatsächlich recht: Die Zähne sinds, die John Ignatius junior quälen. Denn was meinst du, was gestern passiert? John hat seinen ersten Zahn.«

Die Bluthunde vom Broadway

Eines Morgens so um vier rum steh ich vor Mindys Restaurant am Broadway mit einem Kerl namens Trauerflor, den sie so nennen, weil er scheints mal ganz groß beim Rennen gewinnt, in dem Jahr, wo »Trauerflor«, Whitneys Zweijähriger, sich das Kentucky-Derby holt, was er nie vergessen kann, vielleicht deshalb, weil es der einzige Fall in seinem Leben ist, wo er mal ganz groß abkocht.

Was eigentlich dem Kerl sein richtiger Name ist, erfahre ich nie, und überhaupt sind mir Namen völlig schnuppe, besonders am Broadway, weil man beinahe wetten kann, daß, ganz egal was einer auch für einen Namen haben mag, das doch nicht sein richtiger Name ist. Also, von mir aus soll der Kerl, von dem ich rede, heißen, wie er will, meinetwegen auch Trauerflor. Er ist ein richtiger Fettsack und quatscht wie ein Wasserfall, wenn auch meistens nur über Pferde, und wie er gestern um dreckige drei Nasen verliert, in Belmont oder wo die Gäule sonst noch alles laufen.

In all den Jahren, die ich Trauerflor kenne, muß er mindestens schon um zehntausend Nasenlängen verloren haben, und immer sind es, wie er sich ausdrückt, dreckige Nasen. Ehrenwort, ich hab noch nie von ihm gehört, daß er auch mal um ne saubere Nasenlänge verliert, aber das ist natürlich nur der Rennplatzjargon. Wie sich Trauerflor außer mit Rennwetten seinen Lebensunterhalt sonst noch verdient, weiß ich nicht, aber er scheint ganz gut dabei zu stehn, denn er macht immer überall mit und ist meistens tadellos in Schale, und stets hat er eine Menge dicker Zigarren aus seiner Westentasche rausgucken.

Gewöhnlich ist es ziemlich still am Broadway gegen vier Uhr morgens, denn um diese Stunde hängen die Mitbürger alle in den Kneipen und Nachtlokalen rum, und an dem Morgen, wovon ich rede, ist es wirklich besonders still, bis auf einen Kerl namens Marvin Clay, der eine kleine Puppe anbrüllt, weil sie nicht in die Taxe einsteigen und mit ihm nach Hause fahren will. Aber natürlich kümmern Trauerflor und ich uns nicht weiter um so eine Szene, außer einer Bemerkung von Trauerflor, daß die Kleine mehr Vernunft zu haben scheint, als man von einer Puppe eigentlich erwarten sollte, die sich nachts um vier Uhr am Broadway rumtreibt, weil ganz allgemein bekannt ist, daß eine, die zu Marvin Clay mit in die Wohnung geht, entweder überhaupt keinen Grips besitzt oder aber es direkt darauf abgesehen hat.

Dieser Marvin Clay stammt aus einer ganz vornehmen Familie und treibt sich mit besonderer Vorliebe in Nachtlokalen rum, und er hat einen Haufen Moneten von seinem Alten geerbt, der sie sich mit Eisenbahnen und ähnlichem Zeug zusammenspekuliert hat. Aber dieser Marvin Clay ist ein ganz übler Patron, immer krakeelt er wie blödsinnig rum und hat sehr miese Manieren, nur weil er so viele Moneten hat, und er benimmt sich immer schrecklich brutal und unflätig gegen die Puppen, die in den Nachtlokalen arbeiten und sich alles so was von Marvin Clay gefallen lassen müssen, weil er ein sehr guter Gast ist.

Meistens hat er einen Smoking an, weil er selten vor Abend ausgeht, und er ist so etwa fünfzig und hat eine mordshäßliche Visage mit lauter Pickeln drin. Aber ein Kerl mit so viel Moneten wie Marvin Clay braucht natürlich gar kein schöner Mann zu sein und ist selbstverständlich überall am Broadway immer sehr willkommen. Ich persönlich möchte mit so einem Kerl wie Marvin Clay ganz und gar nichts zu tun haben, obgleich ich annehme, daß ich am Broadway im Lauf der Zeit Tausende von seiner Sorte zu sehen kriege und daß es dort immer solche Kerls wie Marvin Clay geben wird, solange wie sie alte Herren haben, die eine Menge Moneten machen mit ihren Eisenbahnen und sie damit in Gang halten.

Mit der Zeit kriegt Marvin Clay die Puppe schließlich doch in seine Taxe und sie hauen ab, und alles ist wieder ruhig am Broadway, und Trauerflor und ich stehen rum und reden über dies und jenes und sonst noch alles mögliche, als plötzlich ein ganz sonderbar aussehender Kerl vorbeikommt, der zwei ganz sonderbar aussehende Hunde an der Leine führt. Der Mann ist so spindeldürr, meiner Meinung nach wiegt er noch zwei Pfund leichter wie ein Bund Stroh. Er hat eine lange Nase und ein trübseliges Gesicht, und er trägt einen alten schwarzen Schlapphut und hat ein Wollhemd und eine weite Manchesterhose an und ein Sparjäckchen, das hinten und vorne zu kurz ist.

Ich für meine Person habe noch nie einen so sonderbaren Kerl am Broadway gesehn, und ich darf sagen, daß mir im Laufe der Zeit schon manche sonderbare Erscheinung am Broadway vor die Augen gekommen ist. Aber obgleich der Kerl selber schon sonderbar genug aussieht, sehen seine Hunde noch viel sonderbarer aus, denn sie haben riesige Köpfe mit Hängebacken wie ein Croupier aus der Großvaterzeit und Schlappohren so groß wie Bettlaken. Dazu haben sie ganz runzlige Gesichter und große runde Augen, die so traurig in die Gegend glotzen, daß ich jeden Moment nur drauf warte, sie in Tränen ausbrechen zu sehn.

Die Hunde haben eine Art von gelber und schwarzer Farbe und lange Schwänze und sind so mager, daß man ihre Rippen einzeln zählen kann. Ich sehe auf den ersten Blick, daß sowohl die Hunde wie der Kerl, der sie führt, ein paar Buletten gut vertragen könnten, aber das können allerdings eine Menge anderer Leute am Broadway zur Zeit ebenfalls, von Hunden gar nicht zu reden.

Natürlich interessiert sich Trauerflor gleich auf der Stelle sehr für die Köter, weil er einen mächtigen Fimmel hat für alle Sorten von Viehzeug, und es gibt für ihn gar nichts anderes, er muß den Kerl anhalten und ihn ausfragen, was das für Hunde sind, und tatsächlich bin ich auch selbst neugierig darauf, denn so viele Köter mir bislang auch schon über den Weg laufen, etwas ähnliches wie diese hier seh ich noch nie.

»Sind Bluthunde«, sagt der trübselig aussehende Kerl mit fürchterlich trauriger Stimme und in einem Tonfall, wie ihn die Leute aus den Südstaaten immer an sich haben. »Das sind dressierte Polizeihunde aus Georgia.«

Trauerflor und ich wissen natürlich beide genau, was Bluthunde sind, denn wir haben ja als junge Bengels in *Onkel Toms Hütte* miterlebt, wie solche Köter Elisa übers Eis hetzen, aber dies ist das erste Mal für uns beide, daß wir persönliche Bekanntschaft mit Bluthunden machen, noch dazu am Broadway. So kommen wir denn ganz eifrig ins Gespräch mit dem Kerl, und seine Geschichte ist genauso traurig wie sein Gesicht, und wir haben beide ordentlich Mitleid mit ihm.

So haben wir ihn und seine Bluthunde, ehe wir uns versehn, zu Mindy reingeholt und futtern allesamt riesige Steaks, trotzdem Mindy ein fürchterliches Gezeter erhebt, daß wir die Köter mit reinbringen, und uns fragt, für was wir sein Lokal eigentlich halten. Als Trauerflor ihm das grade klarmachen will, sagt Mindy, das will er gar nicht wissen, aber wir sollen gefälligst nie im Leben wieder Shetlandponies in sein Lokal mit reinbringen.

Es scheint nun aber, daß der trübselig aussehende Kerl John Wangle heißt und aus irgendeinem Kaff unten in Georgia herkommt, in dem sein Onkel der große Sheriff ist, und der eine von den Bluthunden heißt Schnapp und der andere Schluck, und beide sind von frühster Jugend an drauf dressiert, allerhand Sorten Ausreißer zur Strecke zu bringen, wie zum Beispiel Galgenvögel, die aus dem Kittchen ausbrechen, oder böse Nigger und dergleichen mehr, und nachdem sich John Wangle mit Hilfe von Mindy seinen Steaks erst mal die schlimmsten Falten in der Magengegend ausbügelt und nun richtig anfängt auszupacken, muß man ihn entweder für einen hochgradigen Aufschneider halten, oder die Köter sind tatsächlich die kolossalsten Spürhunde, die die Welt je zu sehen kriegt. Wie ich mir jetzt die Hunde angucke, nachdem jeder von ihnen sechs gewaltige Beefsteaks und einen Haufen Matzen, die Mindy vom jüdischen Neujahr übrig hat, dazu eine Ladung Gulasch vom Abendmenü und noch einige weitere Kleinigkeiten verdrückt, kann ich sie im besten Fall für herzhafte Fresser halten, denn jetzt liegen sie platt am Boden, verstecken ihre Gesichter hinter ihren Ohren und schnarchen so laut, daß man kaum sein eigenes Wort verstehen kann.

Wie es John Wangle mit seinen Bluthunden nach New York verschlägt, das ist wirklich eine tolle Geschichte. Irgendein Kerl aus New York kommt scheints zufällig grade nach Johns alter Heimatstadt in Georgia hingereist, als die Bluthunde eben einen von diesen Niggern fassen, und dieser Mann aus New York tüftelt sich aus, daß es doch eine glänzende Idee ist, John Wangle und seine Hunde nach New York zu bringen und sie an die Filmgesellschaften zu vermieten, um auf der Leinwand die Ganoven zur Strecke zu bringen. Als sie aber nach New York kommen, haben die Filmleute scheints andere Arrangements getroffen, um ihre Ganoven zur Strecke zu bringen, und dem Kerl geht der Kies aus, und er verduftet und läßt John Wangle mit seinen Bluthunden auf dem trocknen sitzen.

So befinden sich nun John Wangle und Schnapp und Schluck in New York, und sie hausen alle zusammen in einem einzigen Zimmer in einer Mietskaserne in der Neunundvierzigsten Straße, und es geht ihnen ziemlich dreckig, weil John nicht weiß, wie er wieder nach Georgia zurückkommen soll, wenn er nicht den ganzen Weg zu Fuß tippeln will, und soviel er hört, ist die Tippelei südlich von Roanoke nicht sehr empfehlenswert. Als ich ihn frage, warum er nicht einfach an seinen Onkel, den großen Sheriff unten in Georgia, schreibt, sagt John Wangle, das hat zwei Gründe: Erstens, er selber kann nicht schreiben, und zweitens, sein Onkel kann nicht lesen.

Dann frag ich ihn, warum er die Bluthunde nicht verkauft, und er antwortet, weil der Markt für Bluthunde in New York sehr flau ist, und außerdem, sagt er, ist sein Onkel in Georgia imstande und reißt ihm die Ohren ab, wenn er ohne die Bluthunde nach Hause kommt. Abgesehen davon, sagt John Wangle, hängt er persönlich an Schnapp und Schluck über alle Maßen, und er sagt, tatsächlich hält ihn nur seine große Liebe zu ihnen davon zurück, einen von den beiden, oder vielleicht auch alle beide, in den letzten Tagen aufzuessen, als er so furchtbaren Hunger hat.

Ich muß sagen, ich sehe Trauerflor noch nie derartig lebhaft für irgendeine Sache interessiert wie für John Wangle und seine Bluthunde, aber ich persönlich habe sie allmählich ziemlich satt, denn der eine, der mit dem Namen Schnapp, wacht mittlerweile auf und fängt an, an meinem Bein rumzukauen, weil er vielleicht denkt, das ist auch noch ein Beefsteak, und als ich ihm einen Tritt in die Schnauze gebe, guckt John Wangle mich ganz finster an, und Trauerflor sagt, nur ganz gemeine Halunken sind so unfreundlich gegen hilflose Tiere.

Aber um auch zu zeigen, daß John Wangle und seine Bluthunde gar nicht so furchtbar dämlich sind: Von jetzt an kommen sie jeden Morgen ungefähr um dieselbe Zeit und lungern vor Mindys Lokal rum, und auch Trauerflor ist immer da und bereit, sie zu füttern, allerdings muß er ihnen jetzt das Futter auf die Straße rausbringen, weil Mindy die Köter nicht noch mal ins Lokal reinlassen will. Natürlich fassen Schnapp und Schluck zu Trauerflor jetzt eine heiße Zuneigung, aber noch längst nicht so sehr, wie John Wangle ihn liebt, weil John jetzt anfängt, ganz hübsch Fett anzusetzen, und die Bluthunde werden auch immer dicker.

Aber was geschieht? Plötzlich bleibt Trauerflor ein paar Nächte hintereinander aus vor Mindys Lokal, weil er scheints eines Tages beim Rennen einen prima Schnitt macht, sich darauf einen funkelnagelneuen Smoking zulegt und plötzlich anfängt, die Nachtlokale heimzusuchen, ganz speziell Miss Missouri Martins Klub der Dreihundert, wo es viele bildhübsche junge Puppen gibt, die dort mit kaum einem Feigenblatt am Leib rumtanzen, und es ist ja stadtbekannt, daß Trauerflor solche Darbietungen glühend liebt.

Weiterhin höre ich von allen Seiten, daß Trauerflor sich in eine Puppe namens Miss Lovey Lou verschossen haben soll, die in Miss Missouri Martins Klub der Dreihundert arbeitet, und daß er wegen dieser Puppe irgendwie mit Marvin Clay zusammenrasselt und ihm eine in die Fresse haut, und aus alledem schließe ich, daß Trauerflor langsam ne weiche Birne kriegt, wie das nicht ausbleiben kann, wenn einer sich so lange am Broadway rumtreibt. Wie John Wangle und Schnapp und Schluck nun also angewetzt kommen und auf ihr Deputat lauern, ist es zappenduster für sie, weil niemand sonst bei Mindy besonderes Interesse für Bluthunde aufbringt, und schon mal bestimmt nicht so viel Interesse, daß er sich veranlaßt fühlt, ihnen Steaks zu spendieren, und es dauert auch nicht lange, da fangen Schluck und Schnapp wieder an, ganz trübselig auszusehen, und John Wangle ist mächtig deprimiert.

Es ist wieder mal früher Morgen und warm draußen, und eine Anzahl Mitbürger steht wie üblich vor Mindys Lokal rum und genießt die frische Luft, als ein Polizeiinspektor namens McNamara auftaucht, der ein Freund von mir ist, gefolgt von einer Schar von Kriminalen, und Inspektor McNamara erzählt mir, er ist auf dem Weg zu einem Wohnblock drüben an der Vierundfünfzigsten Straße, etwa drei Straßen weiter, um dort mal nach dem Rechten zu sehen, weil dort scheints ein Kerl angeschossen worden ist, und wo ich grade nichts Besseres vorhabe, gehe ich mit, obwohl ich in der Regel keinen sonderlichen Wert darauf lege, mich mit Kriminalen blicken zu lassen, weil das von anderen Mitbürgern kritisch vermerkt wird.

Und siehe da, wer ist es, den sie angeschossen haben? Natürlich Marvin Clay, und er liegt in seinem Wohnzimmer der Länge nach am Boden, mit seinem Smoking an, das Hemd ganz mit Blut getränkt, und wie Inspektor McNamara sich ihn von nahem besieht, stellt er fest, daß Marvin Clay eine Kugel direktemang durch die Brust verpaßt gekriegt hat und daß es sozusagen mit ihm aus zu sein scheint. Außerdem scheint kein Mensch einen Riecher zu haben, wer ihn wohl umlegt, und Inspektor McNamara meint, es ist zweifellos eine äußerst rätselhafte Angelegenheit, und es wird ein wahres Festessen für die Zeitungen sein, besonders wo sie schon seit mehreren Tagen keinen anständigen Mordfall mehr haben.

Natürlich geht mich die Geschichte überhaupt nichts an, aber auf einmal fällt mir doch John Wangle mit seinen Bluthunden ein, und ich denke mir, das ist doch eine glänzende Chance für sie, und so rede ich zu dem Inspektor wie folgt:

»Hör mal zu, Mac«, sage ich, »hier ist ein Kerl aus Georgia mit zwei dressierten Polizeihunden, die sind wie geschaffen, so einer Sache wie dieser hier auf die Spur zu kommen, und vielleicht können sie den Halunken, der Marvin Clay umgelegt hat, aufspüren, wo die Fährte jetzt ja noch so heiß sein muß wie ne Stichflamme.«

Hinterher kriege ich allerdings zu hören, daß über meinen Vorschlag große Empörung herrscht, weil viele Mitbürger der Meinung sind, die Person, die Marvin Clay anschießt, verdient eine rücksichtsvollere Behandlung, als daß man ihr Bluthunde auf den Hals hetzt. Ja, manche sind der Meinung, daß diese Person von Rechts wegen sogar Anspruch auf einen Orden hat, aber diese Diskussion kommt erst später an die Reihe.

Jedenfalls hat der Inspektor zuerst nicht viel für meine Idee übrig, und die anderen Kriminale sind sogar sehr skeptisch und behaupten, unter den gegenwärtigen Umständen ist das Beste, was man tun kann, alles in Sichtweite zu verhaften und vier oder fünf Wochen lang als Kronzeugen in Verwahr zu nehmen, aber der Haken ist nur der, daß im Augenblick niemand zum Verhaften in der Nähe ist, außer vielleicht meiner Wenigkeit, aber der Inspektor ist ein großzügiger Knabe, und schließlich sagt er: »Also los, bring deine Bluthunde mal her.« Demnach sause ich wieder zu Mindy zurück, und tatsächlich stehen John Wangle und Schnapp und Schluck auch draußen auf der Straße und glotzen in jedes

Gesicht, das vorüberkommt, in der Hoffnung, irgendeins von diesen Gesichtern könnte vielleicht zu Trauerflor gehören. Es ist wirklich ein herzzerreißender Anblick, aber John Wangle wird gleich wieder vergnügt, als ich ihm die Sache mit Marvin Clay auseinandersetze, und rast mit mir in einem Tempo zu dem Wohnblock zurück, daß er Schnapp dabei den Hals einen halben Meter in die Länge zieht und Schluck die meiste Zeit hinter sich auf dem Bauch nachschleift.

Wie wir dann in die Wohnung kommen, führt John Wangle Schnapp und Schluck ganz dicht an Marvin Clay ran, und sie schnuppern von Kopf bis Fuß an ihm rum, und an toten Kerlen rumzuschnuppern ist ihnen scheints eine liebe Gewohnheit. Dann macht John Wangle ihre Leinen los und ruft ihnen irgendwas zu, und die Hunde legen los und schnüffeln überall in der Bude rum, während Inspektor McNamara und die anderen Kriminalen ihnen sehr interessiert zugucken. Mit einmal schießen Schnapp und Schluck haste was kannste aus der Wohnung raus und runter auf die Straße, John Wangle hinter ihnen her und wir anderen alle hinter John Wangle her. Sie jagen quer über die Vierundfünfzigste Straße zum Broadway zurück, und eh wir uns dessen versehn, sind sie auch schon dabei, mit größtem Eifer vor Mindys Lokal rumzuschnuppern.

Nach einer Weile hauen sie ab, den Broadway rauf, die Nasen ständig auf dem Trottoir, und wir ziehn hinter ihnen her, ganz aufgeregt, denn selbst die Kriminalen geben jetzt zu, daß die Köter der Person, die Marvin Clay umlegt, ganz scharf auf den Fersen zu sein scheinen. Erst trotteln Schnapp und Schluck ganz gemütlich voran, aber ziemlich bald setzen sie sich in Trab, und schon traben wir hinter ihnen her, John Wangle und der Inspektor und ich und die Kriminalen.

Natürlich erregt der Anblick, den wir darbieten, ziemliches Aufsehn bei all den Mitbürgern, die um diese Stunde schon auf den Beinen sind, und bald klettern die Milchkutscher von ihren Wagen runter, die Straßenkehrer lassen ihre Karren stehn, die Zeitungsverkäufer werfen ihre Pakete hin, und die ganze Korona beteiligt sich an der Jagd, so daß sich, wie wir Broadway Ecke Sechsundfünfzigste Straße erreichen, bereits eine riesige Schlange den Hunden angeschlossen hat, John Wangle an der Spitze, unmittelbar hinter Schnapp und Schluck, wobei er ihnen ab und an zubrüllt: »Schön dranbleiben, Jungens!«

An der Sechsundfünfzigsten biegen die Köter vom Broadway nach rechts ab und stoppen an einem Tor, das scheints zu einer alten Garage gehört, das aber ganz fest verrammelt ist, und da Schnapp und Schluck scheints durchaus rein wollen, treten der Inspektor und die Kriminalen die Tür einfach ein, und wer hockt da in der Garage schwer beim Glücksspiel? Eine ganze Reihe prominenter Mitbürger vom Broadway. Die Herrschaften sind natürlich mächtig erstaunt, als sie die Bluthunde und alle, besonders aber die Kriminalen, erblicken, und sie spritzen Hals über Kopf in alle Himmelsrichtungen auseinander, um nur aus der Bude rauszukommen, weil Glücksspiele hierzulande gesetzlich streng verboten sind.

Aber der Inspektor sagt weiter nichts als »So, so!« und er kritzelt sich schnell ein paar Namen in sein Notizbuch, wie als ob er später noch mal drauf zurückkommen will, und Schnapp und Schluck sind auch schon ebenso schnell wieder raus aus der Bude, wie sie reingekommen sind, und schnuppern weiter die Straße entlang. Sie machen noch an vier anderen Türen in der Sechsundfünfzigsten Straße halt, und als die Kriminalen auch diese Türen eintreten, finden sie lauter verbotene Kneipen dahinter, sogar auch eine Opiumhöhle mit dabei, und die Herrschaften in diesen Lokalen sind natürlich völlig aus dem Häuschen vor Aufregung, besonders wo Inspektor McNamara sich dauernd allerhand Notizen in sein Buch schreibt.

Schließlich stiert der Inspektor die Kriminalen, die bei uns sind, mit wilden Augen an, und jeder merkt, er ist sehr ungehalten darüber, in diesem Revier so viel gesetzloses Treiben vorzufinden, und die Kriminalen fassen eine helle Wut gegen Schnapp und Schluck, und sie machen nicht den geringsten Hehl daraus, und einer von ihnen redet zu mir wie folgt:

»Kerl«, sagt er, »deine Sauköter sind ja die reinsten Denunzianten!« Es ist natürlich kein Wunder, daß der Krach, den John Wangle mit seinem Gebrüll macht, und der Lärm der Volksmenge, die hinter den Hunden herläuft, allerhand Ruhestörung verursacht und die ganze Nachbarschaft in den Wohnhäusern und Hotels der Nebenstraßen aufweckt, besonders wo es doch Sommer ist und fast alle Leute die Fenster aufhaben.

Tatsächlich sehen wir viele Bewohner ihre verwuschelten Köpfe aus den Fenstern stecken und hören, wie die Kerls und die Puppen sich wie folgt erkundigen:

»Was ist denn da nur los?«

Als sich dann rumspricht, daß die Bluthunde hinter einem Verbrecher her sind, ruft das scheints in der ganzen Gegend größte Bestürzung hervor, und tatsächlich erfahre ich hinterher, daß drei Leute mit Knöchelbrüchen und schweren Quetschungen ins Krankenhaus eingeliefert werden, weil sie aus den Fenstern springen oder von Feuerleitern runterknallen, als wir auf unserer wilden Jagd vorbeikommen.

Plötzlich steuern Schnapp und Schluck in die Siebte Avenue zurück, schießen in den Eingang eines kleinen Etagenhauses rein und stürmen die Treppe zum ersten Stockwerk hoch, und als wir nachkommen, kratzen diese beiden Bluthunde aus Leibeskräften an der Tür vom Appartement B-2 und machen wuff-wuff, und wir sind wirklich alle mächtig aufgeregt, aber die Tür geht auf, und wer steht drin? Eine Puppe namens Maud Milligan, von der wir alle wissen, daß sie die heißgeliebte Puppe vom Langen Nig ist, dem bekannten Spieler, der sich zur Zeit in Hot Springs zur Kur aufhält und Bäder nimmt, oder was man in Hot Springs sonst noch vereinnahmt.

Nun ist aber Maud Milligan nicht im geringsten ein Typ, aus dem ich mir etwas mache, denn sie hat rote Haare und kann sehr drastisch werden, und ich bin heilfroh, daß Schnapp und Schluck auf ihre Wohnung nicht mehr Zeit verschwenden, als sie brauchen, um eben durch ihr Wohnzimmer und über ihr Bett zu sausen, denn Maud faßt diejenigen von uns, die sie kennt, bereits in höchst peinlicher Weise ins Auge. Aber Schnapp und Schluck sind rin in die Bude und wieder raus, ehe man auch nur piep sagen kann, wo es ja auch sowieso nur eine Zweizimmerwohnung ist, und wir verdrücken uns möglichst schnell hinter ihnen die Treppe runter und wieder in die Siebte Avenue rein, wobei Inspektor McNamara immer weiter in seinem Notizbuch rumkritzelt. Aber wo landen diese Teufelsköter schließlich, mit an die vierhundert Mitbürgern im Gefolge, die allesamt ausgiebig schwitzen von all der Gymnastik? Ausgerechnet vorm Eingang von Miss Missouri Martins Klub der Dreihundert, und der Portier, ein Kerl mit Namen Soldat Sweeney, versucht sie wegzuscheuchen, aber Schnapp rennt dem Soldat zwischen die Beine, so daß er hintenüberpurzelt, und Schluck stapft ihm ins Auge, als er über ihn wegtrottet, und die meisten Leute hinter den Hunden trampeln einer nach dem anderen auf ihm rum, so daß der alte Krieger zum Schluß ganz schön plattgestampft ist.

Schnapp und Schluck sind jetzt allerhand aufgeregt, und sie blaffen aus vollem Hals wuff-wuff-wuff, als sie in den Klub der Dreihundert reinplatzen, gefolgt von John Wangle, vom Auge des Gesetzes und der halben Bevölkerung. Es ist schon proppevoll da drin, und Miss Missouri Martin thront auf einer Stuhllehne in der Mitte der Tanzfläche, als wir reinkommen, und ist grade drauf und dran, ihr Programm zu starten, als sie die Volksmenge reinbranden sieht, und zuerst ist sie hochentzückt, weil sie denkt, das sind alles neue Gäste, und wenn es etwas gibt in der Welt, was Miss Missouri Martin glühend leiden mag, dann ist das neue Kundschaft.

Aber ehe sie noch »Nabend, ihr Idioten!« sagen kann, oder wie sie sonst ihre Gäste zu begrüßen pflegt, prescht Schnapp ihr unter den Stuhl, weil er sich in dem Moment vielleicht einbildet, er ist ein Dackel, und kippt Miss Missouri Martin auf die Tanzfläche, und da liegt sie nun in ganzer Länge und kreischt wie am Spieß, während Schnapp und Schluck bereits wieder in einer anderen Ecke des Lokals damit beschäftigt sind, voller Feuereifer über einen fetten Kerl herzufallen, der dort mit einer Puppe zusammensitzt, und dieser Fettsack ist niemand anders als Trauerflor.

Als Schnapp und Schluck nun Trauerflor anfallen, springt er natürlich auf und versucht sich zu wehren, aber sie werfen ihn beide mit vereinten Kräften über den Haufen, und er knallt hin, direkt auf die Puppe drauf, die bei ihm sitzt und die sich dann auch als Miss Lovey Lou herauszustellen scheint. Sie wird unter Trauerflors schwerem Wanst ganz schön gequetscht und sie brüllt aus Leibeskräften, besonders wo Schnapp seine Zunge einen halben Meter raushängen läßt und ihr den ganzen Puder vom Gesicht wäscht, wie er an Trauerflor ran will. Tatsächlich scheint Miss Lovey Lou mehr Angst vor den Bluthunden zu haben als wie zerquetscht zu werden, denn als John Wangle und ich ihr zu Hilfe eilen und sie unter Trauerflor hervorzerren, jammert sie stöhnend wie folgt:

»Bitte, bitte, laßt mich nicht von ihnen zerfleischen! Ich gestehe alles!«

Da jedoch außer mir und John Wangle scheints niemand diese Anspielung mitkriegt,

47

weil alles damit beschäftigt ist, Trauerflor und die Bluthunde auseinanderzuklamüsern, und John Wangle scheints auch gar nicht kapiert, was Miss Lovey Lou eigentlich da murmelt, schiebe ich sie weg in die Menge rein und weiter nach hinten zur Küche, die jetzt völlig verlassen ist, weil das ganze Personal rausgerannt ist, um sich das Durcheinander in der Ecke anzusehen, und ich rede zu ihr wie folgt:

»Was wollen Sie denn gestehn?« sage ich. »Handelt es sich um Marvin Clay?«

»Ja«, sagt sie. »Um den handelt es sich. Das ist ein Lump!« sagt sie. »Ich habe auf ihn geschossen und bin froh, daß ichs getan habe. Es ist ihm scheints noch nicht genug, was er mir vor zwei Jahren antut, denn jetzt will er dieselbe Gemeinheit mit meiner kleinen Schwester versuchen. Er hat sie schon in seiner Wohnung, und wie ich das rauskriege und hinsause, um sie zu holen, sagt er, er läßt sie nicht fort. Da schieße ich auf ihn. Mit der Pistole von meinem Bruder«, sagt sie, »und dann nehme ich meine kleine Schwester mit nach Haus, und ich hoffe nur, er ist tot und ab nach da, wo er hingehört.«

»Passen Sie auf«, sage ich, »ich will mich nicht mit Ihnen darüber streiten, wo Marvin Clay hingehört, aber«, sage ich, »Sie verduften jetzt schleunigst und machen, daß Sie nach Hause kommen, und dort warten Sie, bis wir in Ihrer Sache was unternehmen können, derweil gehe ich wieder zurück und helfe Trauerflor, der scheints übel in der Bredullje sitzt.«

»Oh, bitte, bitte, lassen Sie nicht zu, daß diese fürchterlichen Hunde ihn zerreißen«, sagt sie und damit haut sie ab, und ich geh ins Lokal zurück, wo ich einen tollen Wirrwarr vorfinde, weil Trauerflor jetzt scheints mächtig ungehalten ist über Schnapp und Schluck, besonders als er entdeckt, daß einer von ihnen seine dicke Pfote mitten auf Trauerflors Hemdenbrust pflanzt und dort einen riesigen Dreckfleck hinterläßt. Als er danach dann endlich wieder hochkommt, legt Trauerflor also mit beiden Fäusten los, und er ist weiß Gott kein schlechter Boxer für einen Kerl, der sich im allgemeinen nicht viel mit Boxen abgibt. Schnapp schlägt er tatsächlich mit einem rechten Kinnhaken k. o. und Schluck befördert er mit einem linken Haken quer durch das ganze Lokal.

Der arme Schluck schlittert dabei über die glatte Tanzfläche weg und direkt in Miss Missouri Martin rein, in dem Augenblick, wo sie eben wieder auf ihre Füße kommen will, und stößt sie abermals über den Haufen, aber Miss Missouri Martin hat es inzwischen auch mit der Wut gekriegt und sie steht auf und versetzt Schluck in sehr wenig damenhafter Weise einen Tritt. Schluck ist sich natürlich nicht so ganz im klaren, was er aus Miss Martin machen soll, was aber seinen alten Freund Trauerflor betrifft, so ist er ziemlich überzeugt, daß dieser nur mit ihm spielen will, drum kehrt er mit hängender Zunge und wedelndem Schwanz zu Trauerflor zurück, und weiß der Himmel, wie lange das noch so weitergegangen wäre, hätte John Wangle nicht eingegriffen und beide Hunde gepackt, während Inspektor McNamara Trauerflor die Hand auf die Schulter legt und ihm mitteilt, daß er verhaftet ist wegen Ermordung von Marvin Clay.

Natürlich sieht jeder auf den ersten Blick, daß Trauerflor wohl die schuldige Person sein muß, besonders als man sich erinnert, daß er schon einmal mit Marvin Clay aneinandergerät, und sämtliche Anwesenden werfen Blicke voller Abscheu auf Trauerflor und sagen, man kann ihm schon am Gesicht ansehen, daß er ein ganz runtergekommenes Subjekt ist.

Und dann hält Inspektor McNamara eine Ansprache an Miss Missouri Martins Gäste, worin er John Wangle und Schnapp und Schluck zu ihrer wundervollen Leistung gratuliert, daß sie diesen furchtbaren Verbrecher zur Strecke bringen, wobei er auch nicht vergißt, ein paar rühmende Worte für die Polizei mit einfließen zu lassen, während Trauerflor daneben steht und der Rede des Inspektors nur sehr wenig Aufmerksamkeit schenkt, sondern statt dessen versucht, sich dicht genug an Schnapp und Schluck ranzumachen, um ihnen noch einen ordentlichen Tritt zu versetzen.

Kurz und gut, die Gäste klatschen den Worten von Inspektor McNamara lauten Beifall, und Miss Missouri Martin veranstaltet eine Sammlung, die über zweihundert Dollar für John Wangle und seine Köter einbringt, ohne das, was sie in die eigene Tasche steckt. Und auch der Küchenchef meldet sich und holt John Wangle und Schnapp und Schluck in die Küche und stopft sie bis an den Hals voll Fraß, obwohl ich persönlich lieber nichts von dem Fraß abhaben möchte, den man im Klub der Dreihundert serviert.

Trauerflor wird ins Kittchen abgeführt, und er begreift scheints überhaupt nicht, weshalb er eigentlich verhaftet wird, aber soviel weiß er wenigstens, daß es irgendwas mit Schnapp und Schluck zu tun haben muß, und er versucht, einen von den Kriminalen zu schmieren, daß er die Bluthunde eine Weile zu ihm in die Zelle sperrt, wenn auch der Kriminale natürlich diesem Vorschlag keine Beachtung schenkt.

Während Trauerflors Personalien im Gefängnis aufgenommen werden, läuft die Nachricht ein, daß Marvin Clay nicht nur nicht tot ist, sondern daß er sogar gute Aussichten hat, wieder ganz gesund zu werden, was er dann schließlich auch tatsächlich tut. Mehr noch, er leistet für Trauerflor Kaution und kriegt ihn aus dem Kittchen frei, und er lehnt es nicht nur ab, Strafantrag gegen ihn zu stellen, sondern verduftet außer Landes, sobald er wieder laufen kann, obwohl Trauerflor immerhin doch ein paar Wochen im Kittchen schmachten muß, was das betrifft, weil er, nachdem er den wahren Sachverhalt erfährt, nämlich dichthält, daß gar nicht er derjenige ist, der Marvin Clay anschießt. Miss Lovey Lou ist Trauerflor natürlich sehr dankbar für seinen wundervollen Opfermut, und sie ist gewiß auf der Stelle bereit, seine treuliebende Gattin zu werden, wenn Trauerflor auf den Gedanken kommt, um sie anzuhalten, aber Trauerflor scheint über dem Gedanken an eine treuliebende Gattin, die so fix mit der Pistole bei der Hand ist, so viel hin- und herzugrübeln, daß er überhaupt gar nicht erst dazu kommt, um sie anzuhalten.

Inzwischen kehren John Wangle und Schnapp und Schluck von dem Geld, das Miss Missouri Martin sammelt, und mit einem gewaltigen Renommee als Spürhunde nach Georgia zurück. Und damit wäre die Geschichte eigentlich aus, nur daß ich eines Abends zufällig mit Trauerflor zusammenrenne, der einen Koffer schleppt und aus allen Poren schwitzt, obgleich es gar nicht mal so heiß ist, was das betrifft, und als ich ihn frage, ob er verreisen will, sagt er, das ist allerdings mehr oder weniger seine Absicht. Und nicht nur das, sagt er, er will sogar ganz weit weg verreisen. Natürlich frag ich ihn, warum, und Trauerflor antwortet mir wie folgt:

»Das ist nämlich so«, sagt er, »von dem Tag an, wo der Lange Nig, der Spieler, aus Hot Springs zurück ist und hört, wie die Bluthunde hinter den Schützen auf Marvin Clay herhetzen, läuft er nur noch rum und guckt mich immer ganz schief von der Seite an. Ich merke nämlich ganz deutlich«, sagt Trauerflor, »daß der Lange Nig irgendein dickes Problem in seinem Schädel wälzt, und wenn der Lange Nig auch eine viel längere Leitung hat als andere Leute, so hab ich trotzdem Angst, daß der Groschen bei ihm eines Tages doch noch in einer Weise fallen könnte, die mir peinlich ist.

Ich fürchte nämlich«, sagt Trauerflor, »Nig wird schließlich doch noch bei der Schlußfolgerung landen, daß Schnapp und Schluck überhaupt mich verfolgen statt den wahren Täter, wie das viele böswillige Zungen ja schon rumflüstern, und daß er dann vielleicht von wegen der Spur, die zu Maud Milligans Tür führt, auf falsche Gedanken kommt.«

Ein vielbegehrter Kerl

Ich muß gestehn, es macht mich wirklich ganz nervös, als der Lange Julius eines Nachmittags in mein Hotelzimmer hereingeplatzt kommt, denn jeder wird mir bestätigen, der Lange Julius ist gegenwärtig der begehrteste Kerl auf der Welt.

Tatsächlich, alle sind direkt platt, wie begehrt er ist. In Pittsburgh im Staat Pennsylvania möchte man ihn gerne wegen eines Postautos sprechen, das ausgeraubt wird, und in Minneapolis in Minnesota schwirren Gerüchte über ihn rum, weil jemand dort einen Bankboten um fünfzig Mille Lohngelder erleichtert und den Mann dabei ein bißchen unsanft behandelt, da er nicht stillhalten will.

Und dann ist da noch der Bankverein in Kansas City in Missouri, der sich ein Interview mit dem Langen Julius gern allerhand kosten lassen will, weil dort von einem Fremden ein Safe geknackt wird und der Buchhalter, der Kassierer und der zweite Vizepräsident in dem Wirbel eins auf den Schädel kriegen und der Wächter angeschossen wird und zwei Blaue auch ganz anständig was mitkriegen und über fünfzehn Mille aus dem Schalterraum entfernt und nie wieder zurückgebracht werden.

Ferner schwebt da noch was mit einem Warenhaus in Canton in Ohio und dem Geldschrank von einer Getreidemühle in Toledo und einem Lebensmittelgeschäft in Spokane im Staat Washington und einem Postamt in San Francisco und auch noch was von wegen einer Schießerei in Chicago, aber die zählt natürlich nicht so, weil dabei nur die eine Seite lebensgefährlich verletzt wird. Immerhin kann man daraus entnehmen, der Lange Julius ist wirklich ganz enorm begehrt, wo die Blauen auf der Suche nach ihm das ganze Land auf den Kopf stellen. Was sage ich, begehrt? – Man sehnt sich direkt nach ihm.

Natürlich glaube ich nicht daran, daß der Lange Julius all die Dinger tatsächlich gedreht hat, die die Blauen von ihm behaupten, denn die Blauen schieben alles, wo es auch passiert sein mag, immer dem prominentesten Kerl in die Schuhe, der ihnen gerade einfällt, und der Lange Julius ist recht prominent in den ganzen USA. Wahrscheinlich hat er höchstens die Hälfte von all diesen Dingern gedreht und für diese Hälfte, die er wirklich auf dem Kerbholz hat, hat er außerdem vermutlich ein bombensicheres Alibi, aber begehrt ist er allemal, was das betrifft, und ich habe derartige Raritäten nicht gern, am wenigsten in meiner nächsten Nähe.

Aber natürlich erwähne ich dem Langen Julius gegenüber kein Wort davon, als er bei mir

reinplatzt, weil er denken könnte, ich bin ungastlich, und das mag ich mir nicht gern nach-
sagen lassen. Außerdem könnte Julius böse
werden, wenn er denkt, ich bin ungastlich, und
mir eins über die Birne geben, denn der Lange
Julius ist immer gleich beleidigt.

Also sage ich sehr freundlich Guten Tag zu
Julius und biete ihm einen Stuhl am Fenster an,
von wo er sehen kann, wie die Leute in der
Achten Avenue auf- und abspazieren, und wie
die Zirkuswagen durch die Neunundvierzigste
Straße in den Madison Square Garden rein-
fahren, denn im Frühjahr ist dort immer der
Zirkus, ehe er auf Tournee geht. Es ist ein
bißchen warm, und der Lange Julius zieht sich
die Jacke aus, und ich merke, er trägt eine Pistole
in einer Ledertasche unter seinem Arm und hat
noch eine im Hosengürtel stecken, und ich hoffe
zu Gott, daß kein Blauer reinkommt, solange
Julius hier ist, weil es in New York gewaltig
gegen die Gesetze verstößt, wenn Kerls so
schwer bestückt rumlaufen.

»Na, Julius«, sage ich, »das ist aber mal
wirklich eine ganz große Überraschung, und ich
freue mich, dich wiederzusehen. Aber ich
könnte mir denken, es ist vielleicht eine Riesen-
dummheit von dir, ausgerechnet jetzt in New
York aufzutauchen, wo hier grade so dicke Luft
ist und die Blauen die Leute wegen dem geringsten Dreck hoppnehmen.«

»Weiß ich«, sagt Julius, »weiß ich. Aber hier können sie mir nicht so sehr viel anhängen, was die Leute auch immer quatschen mögen, und schließlich kriegt man ja auch mal ein bißchen Heimweh nach seiner alten Vaterstadt, besonders wenn man sich dauernd da rumtreiben muß, wo ich die letzten paar Monate stecke. Ich hab Heimweh nach den Lichtern und dem Getümmel am Broadway und nach meiner alten Gegend. Außerdem möchte ich meine Mama mal besuchen. Ich höre, sie ist krank und lebt vielleicht nicht mehr lange, da möchte ich sie doch noch mal sehn, ehe sie dahingeht.«

Klar, unter solchen Umständen will natürlich jeder seine Mama gern noch mal sehn, aber dem Langen Julius seine Mutter wohnt drüben in der Neunundvierzigsten Straße dicht bei der Elften Avenue, und ausgerechnet im gleichen Block wohnt leider auch Johnny Brannigan, der von der Kriminalpolizei, und es steht hundert zu eins, daß es Johnny Brannigan zu Ohren kommt, wenn der Lange Julius in seiner alten Gegend aufkreuzt, und wenn es einen Kerl gibt, den Johnny Brannigan nicht verknusen kann, dann ist es der Lange Julius, trotzdem sie als Kinder zusammen aufwachsen.

Aber scheints können sie sich schon als Kinder nicht besonders leiden, und als sie groß werden und Johnny bei den Kriminalen landet, läßt er sich keine Gelegenheit entgehen, dem Langen

Julius die Hölle heiß zu machen und ihm, wenn möglich, mal eine mit dem Gummiknüppel überzuziehn, und es ist bei all und jedem rum, daß der Lange Julius, ehe er das letzte Mal aus New York abhaut, Johnny Brannigan eine pflastert, woraufhin Johnny schwört, nicht eher zu ruhen, als bis er den Langen Julius dorthin entsorgt, wo er hingehört, wobei Johnny sich allerdings nicht darüber äußert, wo der Lange Julius eigentlich hingehört.

Deshalb also bringe ich das Gespräch darauf, daß Johnny im gleichen Block wohnt wie Julius seine Mutter, aber das macht ihn nur wild.

»Ich hab keine Angst vor Johnny Brannigan«, sagt er. »Im Gegenteil«, sagt er, »ich überlege mir schon seit einer ganzen Weile, ob ich Johnny Brannigan nicht vielleicht ganz fertigmache, wo ich gerade hier bin. Ich bin Johnny das nämlich schuldig. Aber erst möchte ich meine Mama besuchen und dann will ich mal nach Miss Kitty Clancy sehn. Ich glaube, sie wird wohl nicht schlecht überrascht sein, wenn sie mich wiedersieht, und sie wird sich ohne Zweifel sehr freuen.«

Allerdings taxiere ich, wird Miss Kitty Clancy sehr überrascht sein, wenn sie den Langen Julius sieht, ob sie sich aber auch freut, dessen bin ich mir nicht ganz so sicher, denn sehr oft ist es doch so, wenn ein Kerl ein Jahr oder noch länger von einer Puppe getrennt ist, dann denkt sie, und wenn sie ihn noch so ewig liebt, allmählich doch vielleicht an einen andern. Denn so sind die Puppen nun mal, ob sie in der Elften oder in der Park Avenue wohnen. Immerhin entsinne ich mich zu hören, daß diese Miss Kitty Clancy früher mal große Stücke auf den Langen Julius hält, obgleich ihr alter Herr, Jack Clancy, der eine verbotene Kneipe betreibt, immer behauptet, es ist eine schwere Zumutung für die Familie Clancy, wenn ihr eine so anrüchige Figur wie der Lange Julius dauernd auf der Pelle liegt.

»Ich denke in letzter Zeit viel an Miss Kitty Clancy«, sagt der Lange Julius, während er am Fenster sitzt und die Zirkuswagen und die Leute auf der Straße beobachtet. »Besonders aber in den letzten paar Monaten. Tatsächlich«, sagt er, »an Miss Kitty Clancy zu denken ist so ziemlich meine einzige Beschäftigung dort, wo ich stecke, nämlich in einem alten Lagerschuppen an der Fundy-Bucht, in der Nähe von einer Stadt mit Namen St. Johns oder so ähnlich, oben in Kanada, und wie ich so dauernd an Miss Kitty Clancy denke, stelle ich fest, daß ich sie wirklich sehr herzlich liebe.

Ich verkrieche mich in diesen Lagerschuppen«, sagt der Lange Julius, »nachdem sich jemand in dem Kaff ein Juweliergeschäft vornimmt und die Blauen sofort mir die Schuld in die Schuhe schieben wollen. Dieser Schuppen ist nicht grade das, was ich mir aussuche, wenn ich die Wahl habe, denn es ist ein altes Lagerhaus für Pelze, und es riecht dort ganz komisch. Aber in dem Rummel um den Juwelierladen jagt mir jemand ne blaue Bohne in die Hüfte, und Leon Pierre schleppt mich in den alten Lagerschuppen raus, und da sitze ich nun fest, bis ich wieder in Ordnung bin.

Es ist sehr einsam dort«, sagt der Lange Julius, »wirklich, du staunst, wie einsam es da ist, und es ist fürchterlich kalt, und meine einzige Gesellschaft sind nur ein Haufen Ratten. Ich persönlich habe auch sonst schon nie was für Ratten übrig, weil sie Krankheitsbazillen an sich rumschleppen und dazu fähig sind, einen im Schlaf zu beißen, wenn sie Hunger haben, und genau das versuchen diese Ratten auch bei mir.

Der Lagerschuppen liegt ganz einsam für sich«, sagt Julius, »und kein Mensch kommt je in diese Gegend, außer Leon Pierre, der mir was zu essen bringt und mir die Hüfte verbindet, und nachts ist es sehr still, und man hört überhaupt nichts wie nur den Wind, der draußen heult, und die Ratten, die überall rumrennen. Es sind riesige Biester darunter, einige sind so groß wie Karnickel, und sie sind richtig unverschämt, was das betrifft. Anfangs bin ich bereit, mich mit diesen Ratten anzufreunden, aber sie sind scheints sehr unliebenswürdig, und nachdem sie ein paarmal an mir rumnaschen, sehe ich ein, es hat keinen Sinn, mit ihnen paktieren zu wollen, deshalb lasse ich mir von Leon Pierre jeden Tag eine Menge Munition für meine Knarren mitbringen und benutze die Ratten als Schießscheiben.

Der Schuppen liegt so weit abseits, daß keine Gefahr besteht, jemand könnte die Knallerei hören«, sagt der Lange Julius, »und mir hilft es, die Langeweile zu vertreiben. Ich bringe es so weit, daß ich jede Ratte treffe, im Sitzen, im Laufen und sogar in der Luft, diese Lagerhausratten springen nämlich oft von einem Ort zum andern wie die Bergschafe, wobei sie meistens darauf aus sind, im Vorbeifliegen einen anständigen Happen von mir abzubeißen.

Jawohl, mein Lieber«, sagt Julius, »eines Tages schreibe ich die Resultate mal auf, und ich treffe fünfzig Ratten hintereinander, ohne eine einzige zu verfehlen, womit ich den Titel als Weltmeister im Rattenschießen mit der 9-mm-Pistole beanspruchen kann, obgleich ich natürlich«, sagt er, »jederzeit bereit bin, auch eine Wette einzugehen, wenn mich einer zum Wettschießen auf Ratten rausfordern will. Ich bringe es so weit, daß ich meine Schüsse vorher genau ansagen kann, und tatsächlich nehme ich mir einige Male vor, die da will ich ins rechte Auge treffen und die ins linke, und jedesmal treffe ich genau, wie ich voraussage, obgleich es, wenn man eine Ratte aus der Nähe mit einer 9-Millimeter trifft, manchmal nicht möglich ist, hinterher genau zu sagen, wo man sie trifft, weil man sie scheints überall am ganzen Wanst getroffen hat.

Langsam scheine ich die Ratten einigermaßen zu verscheuchen«, sagt Julius, »und sie ziehn es vor, mir lieber die kalte Schulter zu zeigen, und sie versuchen nicht mehr, mich anzuknabbern, nicht mal mehr, wenn ich schlafe. Sie kriegen spitz, daß keine Ratte wagen darf, mich auch nur mit ihren Barthaaren zu kitzeln, oder sie bezieht prompt ne scharfe Rasur. Also muß ich mich nach einer anderen Unterhaltung umsehn, aber in so einer Bude ist nicht viel los, obgleich ich schließlich einen Haufen medizinischer Bücher finde, die sich als sehr interessante Lektüre rausstellen. Diese Bücher werden scheints von einem Doktor zurückgelassen, der sich dorthin verzieht, um sich ein bißchen zu sammeln, nachdem er mit dem Messer an seiner treuliebenden Gattin rumexperimentiert. Tatsächlich hat er seiner treuliebenden Gattin scheints den Kopf abgesäbelt, und sie kann so nicht weiterleben. Deshalb nimmt er seine Bücher und geht in den Lagerschuppen und bleibt dort, bis der Arm des Gesetzes ihn ausfindig macht und ihn ganz hoch oben aufknüpft.

Ich muß sagen, die Bücher sind ein richtiger Trost für mich, und ich lerne eine Menge erstaunlicher Dinge über Chirurgie, aber nachdem ich sie alle auslese, bleibt mir nichts weiter übrig als nachzudenken, und worüber ich nachdenke, das ist Miss Kitty Clancy, und was für eine Menge Spaß wir beide damals haben, als wir überall zusammen rumbummeln und ins Kino gehen und so weiter, bis ihr alter Herr so ausfallend zu mir wird. Jawohl, ich freu mich kolossal darauf, Miss Kitty Clancy und meine alte Gegend und meine Mama wiederzusehn.«

Also, schließlich läßts dem Langen Julius keine Ruhe mehr, er muß durchaus mal in seine alte Gegend rüber und sehn, ob er Miss Kitty Clancy nicht mal sprechen kann, auch will er seine Mama besuchen und möchte, ich soll mit ihm gehn. Ich kann mir tausend Sachen vorstellen, die ich lieber tu, als mit dem Langen Julius einen Spaziergang zu machen, aber er soll mich nicht etwa für einen Snob halten, denn der Lange Julius fühlt sich, wie gesagt, sehr leicht vor den Kopf gestoßen. Außerdem taxiere ich, um diese Tageszeit ist die Wahrscheinlichkeit geringer, daß er Johnny Brannigan oder anderen Blauen, die ihn kennen, in die Arme läuft, als zu jeder anderen Stunde, deshalb erkläre ich mich bereit, aber als wir losgehen, nimmt der Lange Julius seine Knarren zu sich.

»Julius«, sage ich, »laß doch um Himmels willen deine Knarren weg, wenn du spazierengehn willst, denn es könnte sie vielleicht doch zufällig jemand sehn, wie zum Beispiel ein Blauer, und wie du weißt, nehmen sie einen hier fest, ehe man piep sagen kann, wenn sie ne Waffe bei einem finden, ob sie einen nun kennen oder nicht. Du weißt doch, das Waffengesetz ist hier mächtig streng gegen Leute, die mit Schießeisen rumlaufen.«

Aber der Lange Julius erklärt, er hat Angst, daß er sich erkältet, wenn er ohne seine Schießeisen ausgeht, also gehn wir die Neunundvierzigste Straße runter und bummeln Richtung Madison Square Garden, und gerade wie wir an der Achten Avenue ankommen und aufs grüne Licht warten, damit wir rübergehn können, bemerke ich einen riesigen Auflauf an der Seite vom Garden in der Neunundvierzigsten Straße, und die Leute rennen aufgeregt rum und machen ein fürchterliches Geschrei, und alle gucken sie nach oben.

Ich gucke also selbst auch hoch, und was sehe ich da oben auf dem Dachrand vom Madison Square Garden sitzen? Einen riesigen, mordshäßlichen Affen! Zuerst erkenne ich gar nicht, daß das ein Affe ist, weil er so groß ist, daß ich taxiere, es ist vielleicht nur einer von den Boxermanagern, die den ganzen Nachmittag immer an dieser Seite vom Garden rumlungern, in der Hoffnung, einen Kampf für ihre Boxer zu ergattern, und wenn ich mich auch ein bißchen wundere, einen Manager da oben rumhängen zu sehn, so taxiere ich, er will vielleicht nur ne Wette gewinnen. Als ich aber genauer hinsehe, erkenne ich, daß es tatsächlich ein riesiger Affe ist, dazu noch ein besonders häßliches Vieh, was das betrifft, obgleich ich persönlich sowieso noch nie einem Affen begegne, den ich für besonders schön halte.

Also, dieser große Affe hält irgendwas in seinen Armen, aber was es ist, kann ich anfangs nicht erkennen, aber dann gehn der Lange Julius und ich auf die andere Straßenseite gegenüber vom Garden rüber, und jetzt erkenne ich, daß der Affe ein Baby im Arm hält. Natürlich taxiere ich, das ist irgendein Reklametrick, den der Garden für den Zirkus inszeniert oder vielleicht auch für den Kampf zwischen Sharkey und Risko, der nach dem Zirkus angesetzt ist. Aber die Kerls schreien immer noch und rennen rum, und die Puppen kreischen, bis mir schließlich ein Licht aufgeht, daß da was ganz Außergewöhnliches im Gange ist.

Der riesige Affe da oben auf dem Dach ist scheints wahrhaftig der Bongo, ein Gorilla, der zum Zirkus gehört und einer von den ganz wenigen bedeutenderen Gorillas ist, die es hier in den Staaten gibt, oder auch anderswo, was das betrifft, denn gute Gorillas sind tatsächlich dünn gesät. Als man Bongos Käfig in den Garden reinschiebt, geht scheints irgendwie das Türschloß auf, und ehe sichs einer versieht, flitzt Bongo raus und hoppelt die Straße runter, wo grade ein Haufen Kinder aus der Nachbarschaft auf dem Trottoir rumspielen und lauter Muttis mit ihren Kleinen im Kinderwagen neben sich in der Sonne hocken. An schönen Tagen ist das ein ganz alltäglicher Anblick in Seitenstraßen wie der Neunundvierzigsten, und sogar ein sehr netter Anblick, sofern man sich aus Muttis und ihren Kleinen was macht.

Und jetzt, was tut doch dieser Bongo, er langt in einen Kinderwagen rein, den eine von den Muttis auf dem Bürgersteig grade am Garden vorbeischiebt, und schnappt sich mit raschem Griff das Baby raus, obgleich sich bis auf den heutigen Tag kein Mensch vorstellen kann, was Bongo eigentlich mit dem Baby anfangen will. Das Baby ist noch ein halber Säugling und noch nicht imstande, sich gegen einen Gorilla von Bongos Größe irgendwie zur Wehr zu setzen, drum hat Bongo nicht die geringste Mühe, mit ihm fertigzuwerden. Abgesehen davon höre ich immer, ein Gorilla macht auch einen erwachsenen Mann glatt fertig, wobei ich allerdings feststellen muß, daß ich noch nie in meinem Leben einen Kampf zwischen einem Gorilla und einem erwachsenen Mann mit ansehe. So was müßte doch eigentlich eine erstklassige Attraktion abgeben, was das betrifft.

Natürlich erhebt die Mutti von dem Baby sofort ein mächtiges Geschrei, als Bongo ihr Baby packt, denn keine Mutti sieht ihr Baby gern in der Gesellschaft eines Gorillas, und diese

Mutti hier kreischt aus Leibeskräften und bemüht sich, Bongo das Baby zu entreißen, aber mein Bongo ist nicht faul und saust schnurstracks aufs Dach vom Garden an einer großen Lichtreklame hoch, die an der Seite der Neunundvierzigsten Straße runterhängt. Und jetzt sitzt der gute Bongo da oben am Dachrand mit dem Baby im Arm, und das Baby brüllt wie am Spieß, und Bongo gibt komische Laute von sich und fletscht die Zähne, als sich unten auf der Straße langsam die Leute ansammeln.

Ein langer Kerl in Hemdsärmeln rennt durch die Menge und gestikuliert mit den Armen und versucht, die Leute zum Schweigen zu bringen, und er sagt in einem fort: »Ruhe doch, bitte!«, aber niemand kümmert sich um ihn. Ich taxiere, daß der Kerl was mit dem Zirkus und vielleicht sogar mit Bongo zu tun hat. Ein Verkehrspolizist sieht, was los ist, und ruft telephonisch Verstärkung vom Revier in der Siebenundvierzigsten Straße herbei, und jemand anders alarmiert die nächste Feuerwache, und es dauert nicht lange, da sausen die Blauen von allen Seiten herbei, und die Feuerwehr kommt an, und der lange Kerl in Hemdsärmeln wird immer aufgeregter.

»Ruhe doch, bitte!« ruft er. »Sie müssen sich alle still verhalten, denn wenn Bongo durch den Lärm gereizt wird, wirft er das Baby auf die Straße runter. Er wirft mit allem, was er in die Hände kriegt«, sagt der Kerl. »Er hat sich das von den Kokosnüssen in seiner alten Heimat her so angewöhnt, mit denen er immer wirft. Wir müssen ein Sprungnetz ausspannen, und wenn sich alle still verhalten, können wir das Baby vielleicht noch retten, ehe Bongo es wie eine Kokosnuß runterschmeißt.«

Bongo hockt immer noch da oben auf dem Dachrand, ungefähr sieben Stockwerk überm Erdboden, und guckt runter auf die Straße mit dem Baby im Arm und hält es, wie eine Mutti das macht, aber jeder kann sehn, daß Bongo der Lärm da unten sehr ärgert, und einmal hebt er das Baby bereits hoch über sich, als ob er es jemand auf den Kopf knallen will. Ich gewahre den Langen Nig, den bekannten Spieler, in der Menge, und hinterher höre ich, er bietet schon Wetten mit sieben zu fünf gegen das Baby an, aber alle sind viel zu aufgeregt, um auf so ne Wette einzugehen, obgleich es gar kein schlechtes Angebot ist, was das betrifft.

Dann entdecke ich in der Menschenmenge auf dem Bürgersteig gegenüber vom Garden eine Puppe, die wie angenagelt dasteht und mit einem ganz seltsamen Ausdruck im Gesicht zu dem Affen und dem Baby raufstarrt, und wegen der merkwürdigen Art, wie sie guckt, seh ich sie mir noch mal genauer an, und wer ist es? Miss Kitty Clancy! Ihre Lippen bewegen sich, wie sie so entgeistert da raufstarrt, und irgend etwas sagt mir, Miss Kitty Clancy betet vor sich hin, denn sie ist die Puppe dazu, bei so nem Anlaß wie diesem zu beten.

Der Lange Julius sieht sie ungefähr gleichzeitig mit mir und er tritt neben sie und sagt Guten Tag zu ihr, und obgleich es schon über ein Jahr her ist, daß Miss Kitty Clancy den Langen Julius zum letzten Mal sieht, dreht sie sich zu ihm hin und redet zu ihm, als ob sie sich noch eben vor ner Minute mit ihm unterhält. Es ist wirklich ganz sonderbar, wie Miss Kitty Clancy so mit dem Langen Julius spricht, als ob er überhaupt nicht fort gewesen ist.

»Tu doch was, lieber, lieber Jule!« sagt sie. »Du bist doch immer der, der was tut. Ach bitte, bitte, Jule, tu irgendwas!«

Der Lange Julius antwortet keinen Ton, sondern tritt ein paar Schritte hinter die Menschenmauer zurück und langt nach seinem Gürtelriemen, worauf ich ihn am Arm packe und wie folgt zu ihm rede:

»Um Himmels willen, Julius«, sage ich, »was hast du vor?«

»Was wohl, Mensch!« sagt Julius. »Diesen Räuber von einem Gorilla abschießen, ehe es ihm einfällt, mit dem Baby nach jemand hier unten zu schmeißen. Womöglich«, sagt Julius, »trifft er mich noch damit, und ich laß mir niemandem sein Baby an den Schädel werfen!«

»Julius«, sage ich in allem Ernst, »zieh nicht deine Knarre vor all den Blauen hier, denn wenn du das tust, nehmen sie dich bestimmt mit, und wenn auch bloß wegen der Knarre, und haben sie dich erst mal fest, dann bist du in Teufels Küche, wo du doch von allen Seiten gesucht wirst. Julius«, sage ich, »hinter dir sind sie doch im ganzen Lande her, und ich möchte nicht erleben, daß sie dich schnappen. Und überhaupt«, sage ich, »am Ende schießt du noch das Baby tot statt den Affen, denn das kann doch jeder sehn, es ist doch fast unmöglich, den Affen da oben zu treffen, ohne das Baby zu treffen. Außerdem, selbst wenn du den Affen erwischst, fällt er doch auf die Straße runter und reißt das Baby mit.«

»Alles Quatsch, was du da redest«, sagt Julius. »Ich schieße nie vorbei! Ich treff den Affen haarscharf zwischen die Augen, und dadurch fällt er hintenüber, nicht nach vorn, und dem Baby passiert nichts, denn das sieht doch jeder, vom Dachrand aufs Dach dahinter, das ist doch überhaupt kein Sturz. Ich hab diesen Fall genau studiert«, sagt Julius. »Ich weiß, wenn jemand in so ner Stellung sitzt, wie jetzt der Affe da oben auf dem Dachrand, und aus großer Höhe runterguckt, dann sind seine Selbsterhaltungsreflexe nach rückwärts eingestellt, und dahin muß er auch fallen, wenn ihn was Unerwartetes trifft, wie zum Beispiel ne Kugel zwischen die Augen. Ich hab das alles genau in den Büchern von dem Doktor gelesen«, sagt Julius.

Und plötzlich geht seine Hand hoch, und in der Hand ist eine von seinen Pistolen, und ich höre einen Laut, so ähnlich wie »Kerbap«. Wenn ich es mir jetzt nachträglich überlege, erinnere ich mich nicht mal, daß der Lange Julius überhaupt zielt, wie man doch meistens tut, wenn man auf ein sitzendes Ziel schießt, aber der alte Bongo scheint sich, als die Pistole kracht, ein kleines bißchen aufzurichten und dann sackt er nach hinten über, das Baby, das brüllt wie am Spieß, immer noch in seinen Armen, und der Lange Julius spricht zu mir wie folgt:

»Mitten zwischen die Augen, darauf geh ich jede Wette ein«, sagt er, »obgleich das ja überhaupt gar kein Ziel für mich ist, was das betrifft.«

Die erste Minute weiß kein Mensch, was eigentlich passiert, und es herrscht lautlose Stille. Nur der Kerl in Hemdsärmeln äußert sich sehr empört über den Langen Julius und sagt, die Zirkusleute werden ihn wegen Schadenersatz verklagen, falls er Bongo verletzt hat, denn der Affe ist hunderttausend Dollar oder so was wert. Miss Kitty Clancy kniet am Boden und guckt nach oben, und der Lange Julius steckt sein Schießeisen wieder in den Gürtelriemen.

Inzwischen sind ein paar Männer vom Innern des Gebäudes aufs Dach gestiegen in der Absicht, Bongo von dort aus einzufangen, und sie rufen plötzlich irgendwas, und gleich darauf sehe ich, wie einer von ihnen das Baby hochhält, so daß es alle auf der Straße sehn können. Zwei andere bücken sich am Dachrand, heben Bongo auf und zeigen ihn der Menge: mausetot, und einer von den Männern deutet mit den Fingern zwischen Bongos Augen, um zu zeigen, wo die Kugel den Affen trifft, und Miss Kitty Clancy geht zum Langen Julius hin und will ihm was sagen, aber statt dessen bricht sie nur in lautes Weinen aus.

Na, ich taxiere, das ist jetzt der beste Moment für den Langen Julius und mich, uns zu verziehen, weil die ganze Gesellschaft nur Interesse dafür hat, was auf dem Dach vor sich geht, und ich möchte nicht, daß die Zirkusleute Gelegenheit kriegen, Julius dafür zu belangen, daß er den wertvollen Affen totschießt. Außerdem gucken sich ein paar Blaue den Langen Julius schon sehr kritisch an, und ich taxiere, daß sie imstande sind, ihn jeden Augenblick festzunehmen.

Plötzlich kommt ein schlanker junger Kerl auf den Langen Julius zu und spricht zu ihm wie folgt:

»Julius«, sagt er, »ich möchte dich mal sprechen«, und wer ist es? Johnny Brannigan. Natürlich greift der Lange Julius sofort nach seinem Schießeisen, aber Johnny zerrt ihn so schnell weiter die Straße runter, daß Julius im Moment gar keine Zeit findet, in Aktion zu treten.

»Laß se ruhig stecken, Julius«, sagt Johnny

Brannigan, »hat keinen Zweck und ist auch gar nicht nötig. Komm mit und mach schnell.«

Der Lange Julius ist etwas verdutzt, denn Johnny Brannigan benimmt sich überhaupt nicht wie ein Kriminaler, der jemand verhaften will, deshalb geht er mit Johnny mit, und ich folge ihnen, und einen halben Block weiter hält Johnny ein Taxi an, schiebt uns rein und sagt dem Fahrer, er soll immer gradeaus die Achte Avenue runterfahren.

»Ich sitze dir schon die ganze Zeit, seit du wieder in der Stadt bist, auf den Fersen, Julius«, sagt Johnny. »Du hast nicht die geringste Chance hier. Ich will grade zur Wohnung deiner Mama rübergehn, um dich festzunehmen, weil ich taxiere, daß du bestimmt dort aufkreuzt, als plötzlich diese Geschichte am Madison Square Garden losgeht. Jetzt steig ich an der nächsten Ecke aus, und du fährst weiter und besuchst deine Mama, und dann haust du ab aus New York, so schnell du nur kannst, denn dein Typ wird hier sehr stark verlangt, Julius.

Übrigens«, sagt Johnny Brannigan, »weißt du eigentlich, daß das mein Kind ist, was du da rettest, Julius? Meins und Kitty Clancys? Wir haben heute vor einem Jahr geheiratet.«

Na, einen Augenblick lang sieht der Lange Julius sehr verdattert aus, aber dann lacht er und spricht wie folgt:

»Mensch, ich hab natürlich keine Ahnung,

daß es Kittys Kind ist, aber daß es deins ist, taxiere ich vom ersten Moment an, weil es dir so ähnlich sieht.«

»Jawoll«, antwortet Johnny Brannigan voller Stolz. »Alle sagen das.«

»Ich merke die Ähnlichkeit schon von weitem«, sagt der Lange Julius. »Tatsache«, sagt er, »es ist direkt erstaunlich, wie ihr euch ähnlich seht. Aber«, sagt er, »im ersten Augenblick hab ich direkt Angst, ich verwechsle vielleicht die beiden Gesichter da oben auf dem Dach, weil es verdammt schwierig ist, den Affen und dein Baby auseinanderzuhalten.«

Lillian

Was ich schon lange sage: Wilbur Willard hat immer wieder unverschämten Dusel, denn was sonst als wie purer Dusel läßt ihn grade an diesem kalten, verschneiten Morgen die Neunundvierzigste Straße runtertorkeln, als Lillian auf dem Bürgersteig herummiaut und ihre Mutti sucht.

Und ist es vielleicht kein Dusel, daß Wilbur Willard grade voll ist wie eine Strandhaubitze, weil er soeben mit einem Freund namens Haggerty in dessen Wohnung in der Neunundfünfzigsten Straße etliche Pullen Whisky geschmettert hat? Denn hätte Wilbur Willard grade mal keinen in der Krone, hätte er in Lillian nichts als eine kleine schwarze Katze gesehn und einen großen Bogen um sie gemacht, weil jeder weiß, schwarze Katzen bringen unheimliches Pech, selbst wenn sie noch ganz klein sind.

Aber in besagtem schwergeladenem Zustand sieht für Wilbur Willard alles anders aus, und so sieht er auch Lillian nicht als die kleine schwarze Katze, die da im Schnee rumkrabbelt, sondern er sieht einen herrlich schönen Panther, denn ein Blauer namens O'Hara, der grade vorbeischlendert und der Wilbur Willard kennt, hört,

77

wie er sagt: »Oh, du wunderschöner Panther du!«

Der Blaue linst selber mal schnell hin, denn er wünscht nicht, daß in seinem Revier Panther frei rumlaufen, weil das polizeiwidrig ist, aber, wie er mir später erzählt, er sieht weiter nichts als diesen versoffenen Schauspieler Willard, wie er eine verhungerte kleine schwarze Katze aufhebt und in seine Manteltasche stopft, und er hört noch, wie Wilbur sagt:

»Von jetzt ab heißt du Lillian.«

Dann schwankt Wilbur weiter bis in sein Zimmer im obersten Stockwerk einer verwanzten alten Bude in der Achten Avenue, die sich Hotel Brüssel nennt, wo er schon eine ganze Weile wohnt, weil die Direktion nichts gegen Schauspieler hat, denn die Direktion vom Hotel Brüssel ist wirklich sehr großzügig.

Am gleichen Morgen läuft eine Beschwerde von seiten einer Zimmernachbarin von Wilbur ein, einer alten Varieté-Puppe namens Minnie Madigan, die seit der Zeit von Abraham Lincolns Ermordung kein Engagement mehr hat, weil sie Wilbur in seinem Zimmer nämlich dauernd von einem wunderschönen Panther faseln hört, und sie ruft den Portier rauf und erklärt, ein Hotel, in dem wilde Tiere erlaubt sind, ist nicht respektabel. Aber der Portier guckt bei Wilbur rein und stellt fest, daß er nur mit einem harmlosen schwarzen Kätzchen spielt, und so erfolgt auf die Meckerei der alten Puppe weiter nichts, vor allem wo ja sowieso kein Mensch behauptet, das Hotel Brüssel ist ein besonders respektables Haus.

Als Wilbur am nächsten Nachmittag aus der Narkose erwacht, sieht er natürlich, daß Lillian gar kein Panther ist, und er ist sogar recht erstaunt darüber, daß er zusammen mit einem schwarzen Kätzchen im Bett liegt, denn Lillian schläft scheints an Wilburs Brust, um es schön warm zu haben. Zuerst will Wilbur seinen Augen nicht trauen und er schiebt es auf Haggertys Whisky, aber schließlich merkt er doch, daß er sich nicht täuscht, und so steckt er Lillian wieder in die Tasche und nimmt sie mit rüber in die Heiße Kiste, das Nachtlokal, und gibt ihr Milch zu trinken, die Lillian scheints sehr gerne mag.

Wo Lillian nun eigentlich herstammt, weiß natürlich kein Mensch. Höchstwahrscheinlich pfeffert sie jemand aus dem Fenster in den Schnee runter, weil die Leute in New York dauernd junge Katzen und ähnliches Zeug aus dem Fenster pfeffern. Tatsache, wenn es etwas im Überfluß gibt hier in New York, dann sind das kleine Katzen, die schließlich zu großen Katzen ranwachsen und in Mülleimern schnuppern und auf den Dächern rummiauen, so daß kein Mensch richtig schlafen kann. Ich persönlich mach mir gar nichts aus Katzen, auch aus jungen nicht, weil ich bisher noch nie eine zu sehen kriege, die halbwegs vernünftig ist, obgleich ich einen Kerl namens Pussy McGuire kenne, der sich nur damit einen prima Lebensunterhalt verdient, daß er Katzen und gelegentlich auch Hunde klaut und sie an alternde Puppen verkauft, die so was zur Gesellschaft mögen. Aber Pussy klaut bloß Perser- und Angorakatzen, die ganz vornehm sind, und natürlich gehört Lillian nicht zu dieser Sorte von Katzen. Lillian ist nichts weiter als eine ganz simple schwarze Katze, und kein Mensch in New York würde auch nur zehn Cent fürs Dutzend zahlen, weil sie allgemein als üble Pech-bringer gelten.

Außerdem stellt sich nach ein paar Wochen raus, daß Wilbur Willard sie genausogut Hermann oder Emil nennen könnte, aber Wilbur bleibt bei Lillian, weil das der Name seiner Partnerin ist, als er vor Jahren noch im Varieté auftritt. Er erzählt mir oft von Lillian Withington, wenn er einen in der Krone hat, was allerhand oft vorkommt, denn Wilbur hat eine große Schwäche für Scotch und alle Sorten amerikanischen Whisky oder für Gin oder was sonst grade Trinkbares da ist außer Wasser. Tatsache, Wilbur Willard ist ein gewaltiger Trinker vor dem Herrn, und es hat gar keinen Sinn, ihm zu erzählen, daß das Trinken hier-zulande gesetzwidrig ist, weil ihn das nur wild macht und er dann sagt, das Gesetz kann ihn gern haben, nur braucht Wilbur Willard einen viel kräftigeren Ausdruck als gern haben.

»Sie ist wie ein wunderschöner Panther«, erzählt mir Wilbur von Lillian Withington. »Schwarze Haare und schwarze Augen, und sie hat Kurven wie ein Panther, den ich mal im gleichen Programm mit uns in einer Dressurnummer im Palace seh. Wir sind eine Hauptattraktion damals«, sagt er, »Willard und Withington, die beste Gesang- und Tanznummer im ganzen Land.

Ich gabele sie in San Antonio auf, einem Nest in Texas«, sagt Wilbur. »Sie ist eben erst aus der Klosterschule raus, und ich verliere grade meine alte Partnerin Mary McGee, die mir da unten plötzlich vor der Nase an Lungenentzündung wegstirbt. Lillian will zur Bühne und tut sich mit mir zusammen, die geborene Schauspielerin, mit einer großartigen Stimme. Aber wie ein Panther«, sagt Wilbur, »wie ein Panther! In ihr steckt eine Katze, da gibts nichts, und Katzen wie Frauen sind beide undankbar. Ich liebe Lillian Withington. Ich möchte sie heiraten. Aber sie ist eiskalt gegen mich. Sie sagt, sie denkt nicht dran, ihr ganzes Leben lang bei der Bühne zu bleiben. Sie sagt, sie will Geld und Luxus und eine schöne Wohnung, und so was kann ein Kerl wie ich einer Puppe natürlich nicht bieten.

Ich trage sie auf Händen«, sagt Wilbur, »ich bin ihr Sklave. Es gibt nichts, was ich nicht für sie tu. Dann eines Tages überfällt sie mich in Boston und erzählt mir eiskalt, daß sie mich verläßt. Sie sagt, sie heiratet einen reichen Knaben dort. Damit ist natürlich unsere Nummer geplatzt, und ich bring es nie mehr übers Herz, mich nach einer anderen Partnerin umzusehn, und dann verfalle ich auf die gute alte Schnapsbuddel, und was ist jetzt aus mir geworden? Ein ganz ordinärer Kabarettsänger.«

Dann fängt er manchmal plötzlich an zu heulen, und manchmal heule ich mit ihm mit, obgleich Wilbur, wie ich die Sache anseh, doch noch ganz gut dabei wegkommt, was das betrifft, weil er nämlich eine Puppe los wird, die sich dauernd Sachen wünscht, die er ihr nun mal nicht geben kann. Manch einer in unserer Stadt hat eine Puppe am Hals, die sich Sachen wünscht, die er ihr nicht geben kann, wobei er sich aber trotzdem nicht von ihr trennen kann und sich nur um des lieben Friedens willen für sie ruiniert.

Wilbur verdient ganz anständig als Kabarettsänger in der Heißen Kiste, wenn er auch fast all sein Geld für Whisky wieder rausschmeißt, und er ist noch nicht mal ein so schlechter Kabarettist. Manchmal, wenn ich in Katerstimmung bin, geh ich in die Heiße Kiste, um ihn »Melancholy Baby« und »Moonshine Valley« und andere Couplets singen zu hören, die mir mit ihrer Traurigkeit das Herz brechen. Ich persönlich kann gar nicht verstehn, wie eine Puppe es überhaupt fertigbringt, Wilbur nicht zu lieben, besonders wenn sie ihn solche Couplets wie »Melancholy Baby« singen hört und er schön blau dabei ist, denn Wilbur ist ein großer, sympathischer Kerl mit langen Wimpern und verschlafenen braunen Augen, und seine Stimme hat jenes gewisse tiefe Schluchzen, auf das die Puppen immer so fliegen. Tatsächlich wirft auch schon manche Puppe Wilbur verheißungsvolle Blicke zu, wenn er in der Heißen Kiste singt, aber aus irgendeinem Grund beißt Wilbur niemals an, und ich glaube, der Grund ist, weil für ihn einzig und allein nur Lillian Withington existiert.

Seit er nun Lillian, das schwarze Kätzchen, hat, scheint das Leben für Wilbur wieder neues Interesse zu gewinnen, und Lillian entpuppt sich denn auch als ein reizendes und bildhübsches Wesen, nachdem Wilbur sie erst mal gut rausgefüttert hat. Sie ist schwarz wie ein Ofenrohr, ohne auch nur das kleinste weiße Fleckchen, und sie wächst in einem derartigen Tempo, daß Wilbur sie bald nicht mehr bei sich in der Tasche tragen kann, deshalb legt er ihr ein Halsband an und führt sie an der Leine rum. Auf diese Weise wird Lillian am Broadway wohlbekannt, indem Wilbur ihr all die vielen Lokale zeigt, und es dauert gar nicht lange, da braucht Wilbur sie überhaupt nicht mehr an der Leine zu führen, sondern sie läuft auf Schritt und Tritt hinter ihm her wie ein Hund, und nirgendwo im Gebiet der brausenden Vierziger Straßen gibt es auch nur einen einzigen Köter, dem im geringsten daran liegt, mit Lillian anzubinden, denn ehe man piep sagen kann, ist sie den Kötern auf den Buckel gesprungen und kratzt und beißt so lang auf ihnen rum, bis sie nur noch den einen Wunsch haben, schnellstens wieder von ihr loszukommen.

Allerdings handelt es sich bei den Kötern in den Vierziger Straßen in der Hauptsache um Chows und Pekinesen oder um Spitze oder flaumige weiße Zwergpudel, die von blonden Puppen an der Leine rumgeführt werden und natürlich nicht imstande sind, es mit einer so abgefeimten Katze aufzunehmen. Schließlich hat es Wilbur Willard tatsächlich mit sämtlichen Puppen zwischen Times Square und Columbus Circle, die einen Köter besitzen, total verdorben, und sie allesamt hoffen nur noch, Wilbur und Lillian möchten irgendwohin verschwinden und verrecken. Weiterhin muß Wilbur sich etliche Male mit Kerls rumprügeln, die auch zu den betreffenden Puppen gehören, aber Wilbur ist als Boxer beileibe nicht zu unterschätzen, es sei denn, er ist grade allzu blau und kann keine genügende Beinarbeit leisten.

Wenn Wilbur in der ›Heißen Kiste‹ mit seinen Vorträgen fertig ist, macht er gewöhnlich die Runde in sämtlichen verbotenen Kneipen, die vielleicht noch offen haben, und setzt außer der Reihe noch ein paar Schnäpse auf das Quantum drauf, das er bereits in der ›Heißen Kiste‹ tankt – und das ist an sich schon eine ganze Menge –, und obgleich es in New York für sehr riskant gilt, den Fusel, den sie in der ›Heißen Kiste‹ ausschenken, mit anderm Fusel durcheinander zu trinken, scheint Wilbur das nie das geringste anzuhaben. Sobald am Morgen die Sonne aufgeht, nimmt er sich dann noch zwei Pullen Scotch Whisky mit auf seine Bude im Hotel Brüssel, wo sie ihm endgültig zu der nötigen Bettschwere verhelfen, so daß Wilbur Willard, wenn er endlich soweit ist, daß er einschlummert, eine ganz hübsche Ladung Alkohol der verschiedensten Gattungen intus hat, worauf er dann ausgezeichnet zu pennen pflegt.

Natürlich macht niemand am Broadway Wilbur den geringsten Vorwurf wegen seines versoffenen Lebenswandels, denn jedermann ist ja darüber im Bilde, daß er Lillian Withington, seine große Liebe, verloren hat, denn es gilt bei uns in New York als völlig ausreichende Entschuldigung für einen, der zur Pulle greift, wenn er seine Puppe verliert, weswegen ja bei uns auch so viel getrunken wird, nur daß es für jedermann ein großes Rätsel bleibt, wie Wilbur nur all diese Schnapsmengen verträgt, ohne dabei draufzugehen. Die Friedhöfe sind gerappelt voll von Kerls, die bedeutend weniger trinken als Wilbur, aber Wilbur scheint noch nicht mal nennenswerte Nachwirkungen zu spüren, oder wenn er das doch tut, dann behält er es für sich und erzählt nicht aller Welt, daran sei nur der miserable Fusel schuld, den man heutzutage vorgesetzt kriegt.

Ein paar von den Jungens bei Mindy verlieren in einem Winter mal eine hübsche Stange Geld, weil Wilbur nach Geschäftsschluß plötzlich fast nur noch in Amüsier-Charlys Kneipe weitersäuft, worauf sie Wetten vier zu eins anbieten, daß er nicht länger als bis zum Frühjahr mitmacht, denn sie taxieren, kein Mensch kann größere Mengen von Amüsier-Charlys Schnaps verdrücken und dabei am Leben bleiben. Aber Wilbur Willard schafft es trotzdem, so daß sie alle sagen, der Kerl hat einfach eine übermenschliche Natur, und es dabei bewenden lassen.

Gelegentlich guckt Wilbur mal bei Mindy rein, gefolgt von Lillian, die nach Kötern Ausschau hält, oder sie sitzt auch auf seiner Schulter, wenn schlechtes Wetter ist, und die beiden hocken dann stundenlang an userm Tisch, und wir quasseln über dies und jenes. Bei solchen Gelegenheiten trägt Wilbur meist eine Flasche in der Hüfttasche und genehmigt sich ab und zu einen Schluck, aber selbstverständlich fällt das bei ihm nicht unter die Rubrik zünftiges Trinken. Wenn Lillian mit dabei ist, kuschelt sie sich immer so dicht an ihn ran wie nur möglich, und jeder kann sehen, daß sie scheints sehr an Wilbur hängt und daß er auch sehr an ihr hängt, wenn er sich auch manchmal vergißt und von ihr als von einem wunderschönen Panther redet. Aber dann verspricht er sich natürlich nur, und überhaupt, wenn Wilbur Spaß dran hat, in Lillian einen Panther zu sehen, dann ist das ja sowieso eine höchst private Angelegenheit und geht niemand anderen was an.

»Ich rechne damit, daß sie mir eines Tages fortläuft«, sagt Wilbur und streichelt Lillians Rücken, bis ihr Fell knistert. »Jawohl, wenn ich ihr auch dauernd Leber und Gemüse und dies und das zu fressen gebe und ihr meine ganze Zuneigung schenke, eines Tages wird sie mich wahrscheinlich doch abhängen. Katzen sind wie Weiber, und Weiber sind wie Katzen. Beide sind sehr undankbar.«

»Und beide bringen meistens nur Pech«, sagt der Lange Nig, der große Spieler, »besonders Katzen, und ganz besonders schwarze Katzen.«

Noch viele andere Kerls machen Wilbur klar, daß schwarze Katzen Pech bringen, und raten ihm, Lillian eines Nachts mit einem Stein am Hals im North-River verschwinden zu lassen, aber Wilbur behauptet, er hat schon alles Pech auf der Welt, als er Lillian Withington verliert, und Lillian, die Katze, kann es gar nicht schlimmer machen, als es sowieso schon ist, und so sorgt er denn weiter ganz extra gut für sie, und Lillian wird immer größer und größer, bis auch ich langsam denke, vielleicht hat doch ein Bernhardiner was mit ihr zu tun.

Eines Tages mach ich bei Lillian eine ganz komische Entdeckung. Manchmal benimmt sie sich sehr zärtlich gegen Wilbur und dann wieder ist sie richtig kratzbürstig gegen ihn und faucht ihn an und schlägt direkt bösartig mit den Krallen nach ihm. Es kommt mir so vor, als ob sie freundlich ist, wenn Willard einen sitzen hat, dann aber wieder genauso mißgelaunt und reizbar wie er selbst, wenn er nicht soviel getrunken hat. Wenn Lillian aber schlechter Laune und reizbar ist, dann gnade Gott den Kötern in der Nachbarschaft vom Hotel Brüssel.

Ja, Lillian fängt sogar an, regelrecht Jagd auf sie zu machen, sie schleicht sich davon, wenn Wilbur pennt, und jagt dann hinter den Kötern her, bis ihnen die Puste ausgeht, besonders wenn sie einen entdeckt, der frei rumläuft. Ein Köter, der nicht an der Leine geht, ist für Lillian einfach Schlagsahne.

Das erregt natürlich große Empörung bei den Puppen, denen die Köter gehören, besonders als Lillian eines Tages nach Hause kommt und einen Pekinesen, der so groß ist wie sie selbst, am Genick reinschleppt, gefolgt von einer furchtbar aufgeregten Puppe, die vor Wilbur Willards Tür zetermordio schreit, als Lillian durch ein Loch, das Wilbur für sie in seine Tür sägt, reingeflitzt kommt, mit dem Peki immer noch im Maul.

Aber Wilbur ist scheints hochbeglückt darüber, statt böse zu werden und Lillian für ihre Untaten zu verprügeln, denn er ist zufällig noch benebelt, als Lillian mit dem Peki eintrifft, und sieht in Lillian einen wunderschönen Panther.

»Donnerwetter«, sagt Wilbur, »das kann man wohl als Anhänglichkeit bezeichnen! Mein wunderschöner Panther begibt sich in den Dschungel und holt mir eine Antilope für mein Abendessen.«

Natürlich ist das alles reinster Quatsch, denn ein Pekinese ist nun mal bestimmt keine Antilope, aber die blonde Puppe vor der Tür hört Wilburs Gemurmel, und sie glaubt im Ernst, daß er ihren armen Peki zum Abendbrot verspeisen will, und das Gezeter, das sie erhebt, ist gradezu fürchterlich. Es gibt ein Riesentheater im Hotel Brüssel, bis man die blonde Puppe endlich darüber beruhigt, daß Lillian ihren Pekinesen geraubt hat, und zu allem Überfluß kreuzt am nächsten Abend in der ›Heißen Kiste‹ noch der blonden Puppe ihr treuliebender Kerl auf, der sich als ein ganz gefährlicher italienischer Schnapshändler namens Gregorio entpuppt, und er möchte Wilbur Willard eine blaue Bohne in die Rippen jagen.

Aber Wilbur macht ihn mit ein paar Schnäpsen weich, und indem er ihm »Melancholy Baby« vorsingt, und ehe der Italiano wieder abhaut, wird er ganz rührselig zu Wilbur und auch zu

Lillian und möchte Wilbur fünf Dollar schenken, damit Lillian den Pekinesen noch mal packt, nur muß Lillian versprechen, ihn nie wieder zurückzubringen. Gregorio schätzt den Pekinesen scheints gar nicht besonders und spielt nur den wilden Mann, um der blonden Puppe zu Gefallen zu sein und damit sie denken soll, daß er sie heiß und innig liebt.

Also, wie gesagt, ich merke, daß Lillian ihre Launen hat, und schließlich frage ich Wilbur, ob ihm das nicht auch auffällt.

»Ja«, sagt er ganz traurig, »ich kann ihre Liebe scheints nicht halten. Sie ist in letzter Zeit sehr wankelmütig. Neulich zieht im Brüssel auf meinem Stockwerk ein Kerl mit einem kleinen Jungen ein, und Lillian verliebt sich sofort mächtig in das Balg. Tatsächlich sind sie schon ganz dicke Freunde. Was will man machen«, seufzt Wilbur, »Katzen sind wie Frauen. Ihre Zuneigung hält nicht an.«

Ein paar Tage später geh ich zufällig ins Brüssel rüber, um einem Kerl namens Crutchy, der im gleichen Stock wie Wilbur wohnt, klarzumachen, daß einigen von unseren Mitbürgern seine Nase nicht gefällt und daß es gar keine schlechte Idee für ihn wäre, schleunigst abzureisen, besonders wenn er drauf bestehen sollte, Bier in ihrem Gebiet abzusetzen, und da sehe ich Lillian draußen auf dem Gang zusammen mit einem Kind, von dem ich taxiere, es wird wohl das Balg sein, von dem Wilbur neulich redet. Das Kind ist vielleicht drei Jahre alt und sehr niedlich mit seinem schwarzen Haar und seinen schwarzen Augen, und es tobt mit Lillian in einer Weise im Korridor rum, die höchst erstaunlich ist, denn Lillian ist sonst nicht die Katze, die sichs gefallen läßt, einfach so rumgezerrt zu werden, nicht mal von Wilbur Willard.

Ich verstehe nicht, wie jemand drauf kommt, so ein Kind in eine Bruchbude wie das Brüssel zu bringen, aber ich taxiere, es gehört irgendeinem Schauspieler, und vielleicht ist gar keine Mutti dafür vorhanden. Als ich später mit Wilbur darüber spreche, sagt er:

»Na, wenn der Alte von dem Kind Schauspieler ist, dann muß er wohl arbeitslos sein. Er hockt die ganze Zeit auf seiner Bude und erlaubt dem Kind nirgendwo hinzugehn als nur auf den Gang, und mir tut der kleine Kerl leid, deswegen erlaube ich Lillian, mit ihm zu spielen.«

Inzwischen bricht eine starke Kälteperiode ein, und eines Morgens gegen fünf sitzen ein paar von uns bei Mindy, als wir plötzlich die Feuerwehr vorbeirasen hören. Nach einer Weile kommt ein Kerl rein, der Kansas genannt wird, weil er aus Kansas stammt, und der von Beruf Spieler ist.

»Das alte Brüssel brennt«, sagt dieser gewisse Kansas.

»Da brennts immer«, sagt der Lange Nig, wo-

91

mit er meint, daß im Brüssel immer irgendwas Brenzliges vor sich geht.

Etwa um die gleiche Zeit kommt Wilbur Willard reinspaziert, und man sieht auf den ersten Blick, daß er mal wieder hoch in den Wolken schwebt. Wahrscheinlich kommt er von Amüsier-Charly und er hat tatsächlich allerhand Dampf aufgesetzt. Noch nie seh ich Wilbur Willard so blau wie jetzt. Lillian hat er nicht bei sich, aber er nimmt sie ja sowieso nie mit zu Amüsier-Charly, weil Charly Katzen nicht ausstehn kann.

»He, Wilbur«, sagt der Lange Nig, »deine alte Bude, das Brüssel, brennt.«

»Prima«, sagt Wilbur, »ich bin ein Glühwürmchen und ich verlange nach Licht. Kommt, wir gehen hin, wos Feuer gibt.«

Das Brüssel ist nur ein paar Häuserblocks von Mindy entfernt, und da es sonst grade nichts anderes zu tun gibt, gehn ein paar von uns mit zur Achten Avenue rüber, und Wilbur schaukelt vor uns her. Die alte Bude prasselt tatsächlich ganz prächtig, als wir näher rankommen. Die Feuerwehrleute spritzen aus allen Schläuchen, und die Blauen haben ihre Absperrseile gespannt, um die Menge zurückzuhalten, obgleich um diese frühe Morgenstunde keine große Menschenmenge vorhanden ist.

»Ist das nicht schön?« sagt Wilbur Willard in Betrachtung der Flammen versunken. »Sieht es nicht aus wie ein Märchenschloß, so ganz von Licht durchflutet?«

Wilbur kapiert nämlich überhaupt nicht, daß die Bude in Flammen steht, obgleich aus allen Türen Männer und Frauen rausgerannt kommen, die meisten nur halb angezogen oder mit überhaupt nichts am Leib, und die Feuerwehrleute spannen die Sprungnetze aus für den Fall, daß jemand aus dem Fenster raushopsen will.

»Es ist wirklich prachtvoll«, sagt Wilbur. »Ich muß Lillian holen, damit sies auch sehn kann.«

Und ehe wir merken, was los ist, latscht Wilbur Willard auch schon in den Haupteingang vom Brüssel rein, als ob überhaupt nichts passiert ist. Die Feuerwehr und die Blauen sind derartig überrascht, daß sie nur noch hinter Wilbur herbrüllen können, aber er kümmert sich nicht im geringsten drum. Na, jeder denkt natürlich, Wilburs letztes Stündlein hat geschlagen, aber nach etwa zehn Minuten kommt er mit größter Seelenruhe aus derselben Tür mitten durch Rauch und Flammen wieder rausspaziert und hat Lillian im Arm.

»Stellt euch vor«, sagt Wilbur, als er zu uns rüberkommt, während wir einfach sprachlos sind vor Staunen, »ich muß den ganzen Weg bis zu meinem Zimmer rauflaufen, weil der Fahrstuhl scheints nicht mehr funktioniert. Die Bedienung wird immer miserabler in diesem Hotel. Verlaßt euch drauf, die Direktion kriegt todsicher allerhand deswegen von mir zu hören, sobald ich nur mal wieder was auf meine Rechnung abgezahlt habe.«

Und dann macht Lillian auf einmal laut Miau, hopst von Wilburs Arm runter und flitzt mit hochgezogenem Rücken an den Blauen und den Feuerwehrmännern vorbei, und eh sichs einer versieht, schießt sie in den Eingang des alten Hotels rein und ist im Nu verschwunden.

»Na, na, na!« sagt Wilbur und macht ganz große Augen, »da haut Lillian wieder ab!«

Und was tut Wilbur Willard, dieser irrsinnige Hund? Er schiebt doch wahrhaftig los und marschiert schnurstracks wieder ins Brüssel rein, und inzwischen kommt der Rauch so dicht aus dem Eingang gequollen, daß er nach ein paar Sekunden schon nicht mehr zu sehen ist. Die Blauen und die Feuerwehrleute hat er natürlich völlig überrumpelt, denn sie sind nicht drauf gefaßt, daß Leute vor ihrer Nase in Brandstätten rein- und rausmarschieren.

Diesmal wettet alles, was da rumsteht, zu den verschiedensten Quoten, zweieinhalb und auch drei zu eins, daß Wilbur nie wieder zum Vorschein kommt, denn aus den unteren Fenstern des alten Brüssel schlagen schon riesige Flammen und Rauchschwaden raus, obgleich es in den oberen Stockwerken noch nicht ganz so toll zu brennen scheint. Alle Insassen haben das Gebäude inzwischen scheints geräumt, und selbst die Feuerwehr bekämpft den Brand jetzt nur noch von außen, weil das Brüssel viel zu alt und baufällig ist, als daß es noch Sinn hätte, sich ins Innere reinzuwagen.

Ich will sagen, alle sind jetzt raus, außer Wilbur Willard und Lillian, und wir taxieren, die beiden werden irgendwo im Innern schön schmoren, nur Latschen-Samuel läuft rum und bietet dreizehn zu fünf für ein paar bescheidene Wetten, daß Lillian heil wieder rauskommt, denn Samuel behauptet, eine Katze hat neun Leben, und dafür ist das allerdings ein ganz faires Angebot.

Plötzlich kommt eine fesche Puppe angerannt, die irgendworüber furchtbar aufgeregt ist, und arbeitet sich mit Fäusten und Krallen durch die Menge bis an die Absperrung ran und schreit, daß man kaum sein eigenes Wort verstehen kann, und im selben Augenblick hört man jemand aus vollem Halse »Ai-li-hei-hi-ho« rufen, wie ein Schweizer jodelt, und der Jodler kommt ganz oben vom Dach des Brüssel runter, und wie wir raufgucken, wen sehen wir? Wilbur Willard steht da oben hart an der Dachrinne, hoch über Feuer und Rauch, und jodelt so laut wie er kann.

Unter dem einen Arm trägt er irgendein großes Bündel und unter dem andern hat er den kleinen Bengel eingeklemmt, den ich in der Halle mit Lillian spielen seh. Wie er da oben steht und sein »Ai-li-hei-hi-ho« ausstößt, kreischt die fesche Puppe neben uns noch lauter los, als Wilbur jodelt, und die Feuerwehrleute rennen mit dem Sprungnetz zu der Stelle unter ihm.

Wilbur läßt noch einmal sein »Ai-li-hei-hi-ho« ertönen und dann kommt er mit weit gespreizten Beinen, das Bündel und das Kind fest an sich geklemmt, runtergeschossen, aber er landet im Netz auf seinem Allerwertesten und hopst noch ein paarmal rauf und runter, bis er schließlich zum Stillstand kommt. Tatsächlich macht ihm die Hopserei solchen Spaß, daß er wahrscheinlich immer noch am Hopsen wäre, wenn die Feuerwehrleute das Netz nicht einfach losgelassen und ihn auf den Boden gesetzt hätten.

Dann stapft Wilbur aus dem Sprungnetz raus, und ich sehe, das Bündel ist eine zusammengerollte Wolldecke, aus deren einem Ende Lillians Augen rausschielen. Das Kind hat er immer noch unterm Arm, sein Kopf steckt vorn und die Beine hinten raus, und es kommt mir so vor, als ob Wilbur mit dem Kind lange nicht so vorsichtig umgeht wie mit Lillian. Er steht da, grient die Feuerwehrleute höhnisch an, und schließlich sagt er: »Denkt bloß nicht, ihr könnt mich in eurem Netz fangen, wenn ich das nicht will. Ich bin ein Schmetterling, und mich hascht man nicht so leicht!«

Da stürzt plötzlich die elegante Puppe, die so laut angegeben hat, über Wilbur her, reißt ihm das Kind weg, drückt es an ihre Brust und knutscht es fürchterlich ab.

»Wilbur«, ruft sie, »Gott segne dich, Wilbur, daß du mein Baby rettest! Oh, ich danke dir, Wilbur, ich danke dir! Mein elender Mann entführt es und rückt mit ihm aus, und erst vor ein paar Stunden machen meine Detektive ausfindig, wo es steckt.«

Wilbur guckt die Frau eine halbe Minute lang mit seltsamen Blicken an und will grade weggehen, als Lillian sich aus ihrer Decke rausschlängelt, und sie sieht erheblich angesengt aus und riecht auch so, und dann sieht das Kind Lillian und erhebt ein lautes Geschrei nach ihr, bis Wilbur dem Jungen endlich die Katze gibt. Und weil er sich von Lillian nicht trennen kann, bleibt Wilbur verwirrt stehn, und die Puppe redet mit ihm, und schließlich gehn sie zusammen weg, und wie sie losziehn, hat Wilbur das Kind im Arm, und das Kind hat Lillian im Arm, und Lillian fühlt sich gar nicht so besonders wohl mit ihren Brandwunden.

Inzwischen ist Wilbur so nüchtern wie wahrscheinlich seit Jahren nicht um diese Morgenstunde, aber ehe sie losgehen, hab ich noch Gelegenheit, ein paar Worte mit Wilbur zu sprechen, als er noch ein bißchen wirr im Kopf ist, und aus seinen Reden entnehme ich, daß er Lillian das erste Mal, als er nach ihr raufgeht, in seinem Zimmer findet, aber von dem kleinen Kind ist nicht die geringste Spur zu sehn, und er denkt auch gar nicht an das Kind, da er ja sowieso nicht weiß, in welchem Zimmer es wohnt, weil er nie darauf geachtet hat.

Wie er aber zum zweiten Mal raufläuft, schnuppert Lillian an der Türritze eines Zimmers rum, das weiter unten auf demselben Gang liegt, und Wilbur sagt, er glaubt sich noch zu erinnern, daß ein kleines Gerinnsel wie von Wasser unter der Tür hervorkommt.

»Und«, sagt Wilbur, »wie ich nach einer Decke für Lillian suche und es mir zu umständlich ist, noch mal in mein Zimmer zurückzugehn, denke ich, ich hole mir einfach eine aus diesem Zimmer. Ich drücke auf die Klinke, aber die Tür ist verschlossen, deshalb trete ich sie ein, und wie ich reinkomme, ist das Zimmer voller Rauch, und die Flammen schlagen lieblich zum Fenster rein, und wie ich schnell eine Decke für Lillian vom Bett reiße, wer liegt drunter? Das Kind!

Schön«, fährt Wilbur fort, »das Kind brüllt, und Lillian miaut, und überall herrscht überhaupt so eine Verwirrung, daß ich nervös werde, und ich taxiere daher, es ist besser, wir gehen erst mal aufs Dach, damit wir aus dem Gestank rauskommen, und gucken uns das Feuer von dort oben an. In dem Zimmer scheint noch ein Mann auf dem Fußboden zu liegen, neben einem umgefallenen Tisch zwischen der Tür und dem Bett. In der Hand hält er eine Flasche, und er ist mausetot. Natürlich liegt ja keine Marge drin, einen toten Kerl mitzuschleppen, deshalb nehme ich Lillian und das Kind und geh rauf aufs Dach, und von dort fliegen wir einfach los wie die Kolibris. Und jetzt muß ich unbedingt nen Schnaps haben«, sagt Wilbur. »Hat einer von euch vielleicht was bei sich?«

Die Zeitungen sind am nächsten Tag natürlich voll von Wilbur und Lillian, besonders von Lillian, und beide werden als große Helden gefeiert.

Aber Wilbur hält dem Pressesturm nicht lange stand, weil er dadurch überhaupt nicht mehr zum Trinken kommt, wo die Reporter und die Photographen alle Augenblick auf ihn losstürzen, um seine Geschichte zu hören und immer wieder neue Aufnahmen von ihm und Lillian zu machen, und so verschwindet er eines Nachts, und Lillian verschwindet mit ihm.

Nach einem Jahr etwa kommt raus, daß er seine ehemalige Puppe, Lillian Withington-Harmon, heiratet, und er kommt an eine Menge Geld, und was noch mehr heißen will, er steckt das Saufen auf und wird in vieler Beziehung ein brauchbarer Mitbürger. Deshalb muß jeder zugeben, daß schwarze Katzen nicht immer Pech bedeuten, wenn Wilburs Fall auch etwas außer der Reihe liegt, weil er ja zuerst gar nicht weiß, daß Lillian eine schwarze Katze ist, sondern sie für einen Panther hält.

Eines Tages begegne ich Wilbur auf der Straße, er hat einen fabelhaften Anzug sowie echte

Ringe und Manschettenknöpfe am Leib, und er ist überhaupt ein richtiger Dandy geworden.

»Wilbur«, sage ich zu ihm, »ich denke oft, wie erstaunlich es doch ist, daß Lillian damals plötzlich so eine Anhänglichkeit an den kleinen Jungen empfindet und daran denkt, daß er noch im Hotel steckt, und dich beim zweitenmal direkt zum richtigen Zimmer hinführt. Wenn ichs nicht mit eigenen Augen gesehn hätt, würd ich nie im Leben glauben, eine Katze hat Verstand genug, um so was fertigzubringen, weil ich Katzen für besonders dämliche Tiere halte.«

»Was heißt Verstand?« sagt Wilbur. »Lillian hat nicht einen Funken mehr Verstand als der dümmste Spatz. Und das ist noch nicht alles, sie hat nämlich für den Jungen nicht nen Pfifferling übrig gehabt. Der Zeitpunkt ist gekommen«, sagt Wilbur, »wo man Lillian endlich mal die Maske runterreißen muß. Sie heimst einen Haufen Lob ein, das ihr überhaupt nicht zusteht. Jetzt werde ich dir mal die Wahrheit über Lillian erzählen, und die kennt außer mir niemand.

Die Sache ist nämlich so«, sagt Wilbur, »als Lillian noch ganz jung ist, gebe ich ihr immer ein bißchen Whisky in die Milch mit rein, teils um sie damit groß und stark zu machen, teils weil ich nicht gern allein trinke, außer wenn absolut niemand da ist, der mir Gesellschaft leistet. Anfangs macht Lillian sich aus diesem Schnaps in ihrer Milch nicht viel, aber mit der Zeit schmeckt er ihr ausgezeichnet, und ich mache ihren Grog allmählich immer stärker, bis sie schließlich eine ganz anständige Portion davon auch ohne Milch, nur so zum Nachspülen, runterschlappt und sogar noch mehr davon verlangt. Tatsächlich wird mir plötzlich klar, daß Lillian ja eine regelrechte Schnapsdrossel ist, genau wie ich damals, und daß sie einfach ihren Grog haben muß, und immer dann, wenn sie einen Ordentlichen sitzen hat, zieht Lillian los und kauft sich einen Pekinesen und verbreitet überall Furcht und Schrecken um sich her.

Als damals nun das Feuer ausbricht«, fährt Wilbur fort, »ist das ungefähr grade um die Stunde, wo ich sonst morgens immer nach Hause komme und Lillian ihren Schnaps gebe. Wie ich aber ins Hotel reingehe und Lillian das erste Mal raushole, vergesse ich, ihr ihre Dosis Whisky zu verabfolgen, und der Grund, warum sie ins Hotel zurücksaust, ist natürlich, weil sie ihren Rachenputzer haben will. Und an der Türschwelle schnuppern tut sie auch nicht etwa deshalb, weil der Junge in dem Zimmer ist, sondern weil der kleine Bach, der unter der Türritze rausrinnt, nichts weiter ist als purer Whisky, der aus der Flasche in der Hand des toten Kerls rausläuft. Ich habe darüber bis jetzt das Maul gehalten, weil ich taxiere, man soll die Erinnerung an einen Toten in Ruhe lassen«, sagt Wilbur. »Trinken ist wirklich ein abscheuliches Laster, besonders dann, wenn mans auf die heimliche Tour betreibt.«

»Na, und was macht Lillian so in letzter Zeit?« frage ich Wilbur Willard.

»Von Lillian bin ich schwer enttäuscht«, sagt er. »Sie weigert sich, ein neues Leben anzufangen, wie ich das tu, und soviel ich zuletzt von ihr höre, hat sie sich kürzlich an Gregorio, den Italiano-Schnapshändler, rangemacht, der sie nun dauernd unter Whisky hält, damit sie dem Köter von seiner blonden Puppe erst mal klarmacht, was ein Hundeleben ist.«

Ehrlich währt am längsten

Ich kenne Latschen-Samuel mehr oder weniger schon seit acht bis zehn Jahren und treffe ihn den Broadway rauf und runter oder auch an anderen Stellen, aber ich habe nie viel mit ihm im Sinn, denn der Kerl ist für mich völlig uninteressant. Tatsache, er ist vollkommen unwichtig.

Vor allen Dingen ist Latschen-Samuel meistens pleite, und es liegt keine Marge drin, wenn man sich mit Pleitefritzen abgibt. So wie ich die Sache betrachte, ist bei einem Kerl, der nichts hat, auch nichts zu holen. Wenn ich auch großes Mitleid mit Pleitefritzen habe und ihnen immer von Herzen wünsche, daß sie mal zu was kommen, so lege ich auf irgendwelchen Verkehr mit ihnen doch keinen Wert. Vor langer Zeit redet mal ein weiser alter Rabe zu mir wie folgt:

»Lieber Junge«, sagt er, »versuche dich immer am Geld zu schubbern, denn wenn du dich lange genug am Geld schubberst, bleibt vielleicht was davon bei dir hängen.«

Deshalb versuche ich in all den Jahren, die ich mich in New York rumtreibe, immer nur an die großen Kanonen ranzukommen und an die Kerls, die diese hohen, knisternden Banknoten in der Tasche tragen, aber von diesen kleinen

Pinschern, Schubiaks und Pleitefritzen halte ich mich fern. Und Latschen-Samuel ist einer der schlimmsten Pleitefritzen von New York, und das ist er schon immer, solang ich ihn kenne.

Er ist ein großer, schwerer Kerl mit mehrfachem Doppelkinn und ganz ulkigen Latschen am Leib, von denen er auch seinen Spitznamen bezieht. Diese Latschen sind besonders große Latschen, selbst für so einen langen Kerl, und Stutzer-David behauptet, Samuel benützt Geigenkästen als Schuhe. Natürlich ist das nicht wahr, denn Samuel kriegt seine Latschen in Geigenkästen überhaupt nicht rein, oder höchstens in Kästen für ganz große Geigen, wie zum Beispiel Cellos.

Eines Nachts sehe ich Latschen-Samuel in der ›Heißen Kiste‹, dem Nachtlokal, mit einer Puppe namens Hortense Hathaway tanzen, die in Georgie Whites Revue »Scandals« auftritt, aber sie steht richtiggehend auf Samuels Latschen, wie wenn das Schlittenkufen wären, und Samuel merkt noch nicht mal was davon. Er denkt höchstens, die ollen Gondeln sind heute abend aber besonders schwer rumzuschieben, denn Hortense ist gar nicht etwa so ne Gebrechliche, im Gegenteil, sie ist ein ganz strammes Weltergewicht.

Sie hat blondes Haar und ein tüchtiges Mundwerk, und in Wirklichkeit heißt sie Annie O'Brien und keineswegs etwa Hortense Hatha-

way. Obendrein stammt sie aus Newark, das in
New Jersey liegt, und ihr Papa ist ein Taxichauffeur namens Skush O'Brien, und ein ganz
roher Patron, was das betrifft. Aber natürlich ist
die Tochter von einem Taxichauffeur genauso
gut wie jede andere für Georgie Whites Revue,
solange wie ihre Figur in Ordnung geht, und in
der Beziehung sind von der Kundschaft irgendwelche Klagen über Hortense bisher noch nicht
laut geworden.

Sie ist ein sogenanntes Revue-Girl und hat
weiter nichts zu tun, als auf Georgie Whites
Bühne rumzuspazieren, mit nur ein paar dünnen
Fähnchen am Leib, und jedermann sieht in ihr
eine große Schönheit, besonders vom Hals ab-
wärts, obgleich ich mir persönlich nicht viel aus
Hortense mach, weil sie sehr frech zu den Leuten
ist. Ich seh sie oft in den Nachtlokalen, und
wenn Hortense in einer von diesen Rattenfallen
rumsitzt, hat sie meistens eine beachtliche Menge
Diamantarmbänder und Pelzmäntel und andere
schöne Dinge an, und deshalb taxiere ich, für
eine Puppe aus Newark in New Jersey kommt
sie ganz gut längs.

Natürlich hat Latschen-Samuel nicht die geringste Ahnung, weshalb soviel andere Puppen
außer Hortense auch mit ihm tanzen möchten,
sondern er bildet sich langsam ein, es liegt wahrscheinlich nur daran, weil er soviel von dem
guten Sexappeal hat, und er ist schwer gekränkt,

als Henry, der Oberkellner von der Heißen Kiste, zu ihm sagt, er soll doch bitte nicht öfter als jeden zehnten Tanz aufs Parkett kommen, weil Samuels Latschen derartig viel Platz einnehmen, wenn er sich auf der Tanzfläche bewegt, daß sich außer ihm immer nur noch zwei weitere Paare gleichzeitig betätigen können, denn die Tanzfläche ist leider sehr klein.

Ich bin aber noch nicht fertig mit Samuels Latschen, denn das sind tatsächlich ganz besonders geartete Latschen. Sie haben nämlich jeder eine andere Richtung, wenn er so dasteht, und zwar ganz ausgesprochen, so daß es schwer zu sagen ist, wenn man Samuel in irgendeiner Ecke stehn sieht, nach welcher Seite er gehen wird, denn der eine Fuß zeigt in die eine und der andere in die entgegengesetzte Richtung. Ja, einige Kerls, die in Mindys Restaurant verkehren, schließen häufig Wetten ab, solange wie Samuel noch stille steht, nach welcher Richtung er losziehn wird.

Das einzige, was Latschen-Samuel versteht und wovon er lebt, ist dasselbe, wovon noch so viele andere Kerls in New York leben: Er treibt sich auf Rennplätzen und in Spielhöllen und bei Boxkämpfen rum und verdient mal hier mal da ein paar Eier als Schlepper für die Buchmacher, oder er wettet mal ein bißchen mit, oder er bauernfängert, aber in seinem ganzen Leben hat er eigentlich noch nie richtig Geld. Immer hat er

Schulden und immer hat er Schulden abzuzahlen, und ich kenne ihn überhaupt nicht anders, als daß er ewig mit Zaster im Druck ist.

Nur eins muß man Latschen-Samuel unbedingt lassen, er ist außerordentlich ehrenhaft, wenn es sich um seine Schulden handelt. Was er schuldet, das bezahlt er auch, wenn er kann. Jeder wird das von Latschen-Samuel bestätigen, obgleich das allerdings auch das wenigste ist, was man von so einem kleinen Schieber wie Samuel erwarten darf, wenn er sich seinen Kredit erhalten und aktionsfähig bleiben will. Trotzdem muß man immer wieder staunen, wieviel Kerls das Zurückzahlen vergessen.

Aus dem Grund, weil Samuel überall Vertrauen genießt, ist er auch fast immer in der Lage, kleinere Summen aufzutreiben, selbst bei Kanone, und Kanone steht nicht gerade im Ruf, daß man so leicht was aus ihm rausholt. Tatsächlich ist Kanone sehr, sehr schwierig, wenn man Geld von ihm pumpen will.

Haut ihn nämlich jemand an, dann will Kanone zuerst mal genau wissen, wann der Betreffende ihm den Betrag mit den entsprechenden Zinsen zurückzahlt, und wenn der Betreffende sagt, am Dienstag früh um fünf Uhr dreißig, dann soll er verdammt zusehen, daß er nicht am Dienstag früh um fünf Uhr einunddreißig damit antanzt, sonst schreibt ihn Kanone sofort als total unsicheren Kantonisten ab, und er kriegt nie wieder einen Sechser von ihm. Und wenn einer seinen Kredit bei Kanone erst mal verliert, ist er in New York unten durch, denn Kanone ist der einzige Mann am Broadway, der stets über Zaster verfügt.

Außerdem stoßen solchen Kerls, die Geld von Kanone pumpen und nicht zum versprochenen Termin abladen, häufig sehr merkwürdige Unfälle zu, wie zum Beispiel ein gebrochenes Nasenbein, oder sie verstauchen sich den Fuß und was es sonst noch für Verletzungen gibt, denn Kanone hat Leute um sich, die es scheints sehr übelnehmen, wenn jemand Kies von ihm pumpt und dann nicht rechtzeitig rüberkommt. Andererseits ist mir bekannt, daß Kanone manchmal den erstaunlichsten Kerls was pumpt, denn er hat doch den Fimmel, ein großartiger Menschenkenner zu sein und sich nie in einem Kerl zu täuschen, obgleich ich allerdings sagen muß, von allen Kerls, denen es gelingt, Kanone Zaster zu entsteißen, ist Latschen-Samuel doch immer noch der erstaunlichste.

Kanone heißt in Wirklichkeit Armand Rosenthal, und alle nennen ihn Kanone, weil er so viel los hat. Bei all und jedem ist er als Großunternehmer in Spielhöllen und allen möglichen Betrieben bekannt, und niemand weiß, wieviel Moneten Kanone eigentlich besitzt, außer daß er ne ganze Menge haben muß, denn ganz egal, wieviel Zaster in der Nähe sein mag, früher oder später schnappt ihn Kanone sich doch. Später werde ich noch mal ausführlicher auf Kanone zurückkommen, aber im Augenblick möchte ich von Latschen-Samuel erzählen.

Es ist mal wieder ein harter Winter in New York, in dem alle, die sichs irgend leisten können, nach Florida oder Havanna oder nach New Orleans abhauen und die kleinen Schieber ihrem Schicksal überlassen. Es ist überhaupt nichts los in New York, wo die großen Leute alle weg sind, und eines Abends stoße ich bei Mindy auf Latschen-Samuel, und er ist wirklich mächtig niedergeschlagen. Er fragt mich, ob ich vielleicht zufällig einen Fünfer bei mir habe, aber ich kann mich natürlich beherrschen, solchen Kerls wie Latschen-Samuel einen Fünfer zu pumpen, und schließlich erklärt er sich bereit, mit mir auf zwei Dollar zu akkordieren, woraus ich natürlich ersehe, daß es Samuel ganz miserabel gehen muß, wenn er bereit ist, von fünf auf zwei Dollar runterzusteigen. »Meine Miete ist schon seit langem überfällig«, sagt Samuel, »und ich hab ne ganz hartherzige Wirtin, mit der man überhaupt nicht vernünftig reden kann. Sie droht, mich an die Luft zu setzen, wenn ich ihr nicht sofort was hinlege. So übel bin ich noch niemals dran«, sagt Samuel, »und ich habe schon manchmal ganz verzweifelte Ideen.«

Ich kann mir nicht vorstellen, was Latschen-Samuel schon Verzweifeltes anstellen will, außer daß er vielleicht mal ein bißchen arbeitet, und ich weiß genau, daß er sich auf so was nie einlassen wird, egal was passiert. Denn in all den Jahren, die ich mich nun schon am Broadway rumtreibe, lerne ich noch nie einen Schieber kennen, der aus Verzweiflung zu arbeiten anfängt.

Eines Tages höre ich mal, wie Stutzer-David Samuel das Angebot macht, er soll gegen gute Bezahlung für ihn Schnaps von hier nach Philadelphia fahren, aber Samuel lehnt das ab, weil er, wie er behauptet, die frische Luft nicht vertragen kann, und überhaupt, sagt Samuel, wie er hört, verstoßen Schnapstransporte gegen das Gesetz und können einen ins Kittchen bringen. Daher weiß ich, was Latschen-Samuel auch vorhaben mag, irgendwas Unbequemes wirds schon nicht sein.

»Kanone ist ja noch in New York«, sage ich zu Samuel, »warum haust du denn den nicht an? Du bist doch so gut angeschrieben bei ihm.«

»Das ist ja grade die Schweinerei«, antwortet Samuel.

»Ich bin Kanone noch einen Hunderter schuldig, und ich muß bis Montag früh vier Uhr zurückzahlen, und wo ich die hundert Dollar herkriegen soll, ist mir noch völlig schleierhaft, ganz zu schweigen von den anderen zehn, die ich ihm Zinsen zahlen muß.«

»Und was gedenkst du zu tun?« frag ich, denn

heut ist bereits Donnerstag, und es ist klar, daß Samuel nur noch sehr wenig Zeit zur Verfügung hat, um so eine Summe zusammenzukriegen.

»Ich trage mich mit dem Gedanken, mich umzubringen«, sagt Samuel ganz trübselig. »Wem bin ich schon was nütze? Ich hab weder Familie noch Freunde, und diese Welt hat auch ohne mich schon genug auf dem Buckel. Ja, ich glaube, ich bringe mich um.«

»Es ist in New York gesetzlich verboten, Selbstmord zu begehen«, sage ich, »obwohl ich mir nicht vorstellen kann, was die Behörden einem Kerl wohl noch anhaben wollen, nachdem er sich umbringt.«

»Ist mir völlig egal«, sagt Samuel. »Ich hab die Nase gründlich voll. Ganz besonders hab ich die Nase voll von meiner ewigen Pleite. Nie hab ich mehr als ein paar lausige Cent in der Tasche. Alles, was ich anfasse, geht schief. Das einzige, was mich davon zurückhält, mir gleich sofort einen vor den Latz zu knallen, ist der Hunderter, den ich Kanone noch schuldig bin, denn ich möchte nicht, daß er nach meinem Tod damit hausieren geht, daß ich nichts tauge. Und das Schlimmste von allem«, sagt Latschen-Samuel, »ich bin verliebt! Ich liebe nämlich Hortense.«

»Was?« sage ich, »Hortense?« und staune Bauklötze.

»Mensch«, sage ich, »Hortense ist doch nichts weiter als ein ganz großes …«

»Halt!« unterbricht mich Samuel. »Kein weiteres Wort! Ich dulde nicht, daß du sie ein großes Flittchen nennst oder was für eine ganz große du sie sonst noch schimpfen willst, denn ich liebe sie. Ich kann nicht ohne sie leben. Mehr noch«, ruft Samuel, »ich will einfach nicht ohne sie leben.«

»Na«, sage ich, »und was sagt Hortense dazu, daß du sie liebst?«

»Sie weiß gar nichts davon«, antwortet Samuel. »Und ich geniere mich auch, es ihr zu sagen, denn wenn ich ihr sage, daß ich sie liebe, wird Hortense selbstverständlich erwarten, daß ich ihr ein paar Brillantarmbänder kaufe, und das kann ich natürlich nicht. Aber ich glaube, sie hat mich allerhand lieb, denn sie guckt mich immer ganz eigenartig an. Nur«, sagt Latschen-Samuel, »ist da noch so ein anderer Kerl, der sie auch sehr gern hat und der kauft ihr Brillantarmbänder und was sonst noch dazu gehört, und das macht für mich alles so bitter. Ich weiß gar nicht, wer der Kerl ist, und glaube auch gar nicht, daß Hortense sich viel aus ihm macht, aber natürlich muß eine Puppe einen Kerl ernsthaft in Erwägung ziehn, der ihr Brillantarmbänder kaufen kann. Deshalb glaub ich, mir bleibt gar nichts anderes übrig, als mich umzubringen.«

Natürlich nehme ich Latschen-Samuel nicht weiter ernst und ich vergesse seine Nöte sofort wieder, denn ich taxiere, er wird sich schon irgendwie wieder rauswursteln. Aber am nächsten Abend kommt er über das ganze Gesicht strahlend zu Mindy rein, und ich taxiere, er muß wohl irgendwo einen großen Schlag gemacht haben, denn er stolziert einher wie einer, der mindestens fünfundsechzig Dollar in der Tasche hat.

Dann stellt sich raus, Samuel hat nichts weiter wie einen Einfall, und es gibt nur sehr wenig Einfälle, die fünfundsechzig Dollar wert sind.

»Heut nachmittag lieg ich auf dem Bett und grüble«, sagt Samuel, »und ich grüble darüber nach, wie ich wohl den Kies auftreiben kann, um meine Schulden bei Kanone und vielleicht noch bei ein paar anderen Kerls sowie bei meiner Wirtin zu bezahlen, und womöglich auch noch ein paar Dollar für meine Beerdigung über behalte. Und auf einmal hab ichs: Ich werde meinen Körper verkaufen.«

Ich bin natürlich einigermaßen platt über diese Eröffnung, deshalb bitte ich Samuel, mir das ein bißchen näher zu erläutern, und er denkt sich die Sache folgendermaßen: Er will sich einen Doktor suchen, der eine Leiche braucht, und diesem Doktor will er seinen Körper verkaufen, und zwar für so viel Geld, wie er irgend dabei rausschlagen kann, wobei die Lieferung der Leiche erfolgt, nachdem Samuel sich umbringt, was innerhalb einer gewissen Frist zu geschehen hat.

»Wie ich höre«, sagt Latschen-Samuel, »suchen diese Quacksalber dauernd Leichen, an denen sie für ihre Studienzwecke rumschnippeln können, und gute Leichen sollen heutzutage nicht leicht zu haben sein.«

»Was schätzt du, was dein Leichnam wert ist?« frage ich.

»Na«, meint Samuel, »ein Leichnam, so umfangreich wie der meinige, sollte doch mindestens ein Mille bringen.«

»Samuel«, sage ich, »das klingt für mich alles höchst schauerlich. Ich persönlich versteh nicht viel von der Sache, aber trotzdem glaub ich nicht, daß die Ärzte die Leichen, wenn sie sie überhaupt kaufen, per Pfund bezahlen. Und ich glaube nie und nimmer, daß du tausend Dollar für deinen Körper kriegen kannst, besonders nicht, solange du noch am Leben bist, denn woher soll ein Doktor wissen, ob du ihm deinen Leichnam dann auch lieferst?«

»Na hör mal«, sagt Latschen-Samuel ganz empört, »jedermann weiß, daß ich zahle, was ich schuldig bin. Ich kann Kanone als Referenz angeben, und der wird jedem bestätigen, daß ich immer Wort halte.«

Trotzdem scheint mir nicht viel dahinterzustecken, was Samuel sich da zusammenredet, und überhaupt, ich taxiere sowieso, daß er nicht alle beisammen hat, was ja bei dieser Sorte von Pleitefritzen oft der Fall ist, deshalb kümmere ich mich nicht weiter mehr um ihn. Aber Montag früh, kurz vor vier Uhr, sitze ich bei Mindy, und siehe da, wer kommt rein? Latschen-Samuel, und er hält einen dicken Packen Banknoten in der Hand und sieht sehr vergnügt aus.

Kanone ist auch da und sitzt wie immer an seinem Stammtisch gegenüber der Tür, die er stets im Auge hat, damit niemand ihn überrumpeln kann, ohne daß er ihn zuerst gewahr wird, denn es gibt ne Menge Leute in New York, bei denen Kanone dran liegt, daß er sie zuerst sieht, wenn sie irgendwo reinkommen, wo er sich auch grade befindet. Samuel tritt an Kanones Tisch und legt einen Hunderter vor ihn hin, dazu einen Zehner, und Kanone blickt zur Uhr rauf und dann lächelt er und sagt:

»Okay, Samuel, du bist pünktlich.«

Es kommt nicht oft vor, daß Kanone lächelt, aber wie ich nachträglich erfahre, gewinnt er zwei Hunderter von Manny Mandelbaum, der mit ihm wettet, daß Latschen-Samuel nicht pünktlich zahlen wird, deshalb hat Kanone diesmal besonderen Grund zu lächeln.

»Übrigens, Samuel«, sagt Kanone, »da ruft mich heute so ein Doktor an und fragt mich, ob dein Wort gut ist, und du freust dich sicher zu hören, daß ich ihm antworte, du bist hundert Prozent. Ich sage du bist okay, weil ich weiß, daß du deinen Zusagen immer nachkommst. Bist du krank, oder was ist los?«

»Nein«, sagt Latschen-Samuel, »ich bin nicht krank. Ich habe nur ne kleine geschäftliche Sache mit dem Kerl laufen. Besten Dank für die gute Auskunft.«

Dann kommt er an meinen Tisch, und ich sehe immer noch ne ganze Menge Geld in seiner Pfote. Natürlich bin ich neugierig, wo er das her hat, und so langsam fängt er an, mir alles zu erzählen.

»Ich kriege das Geschäft durch, von dem ich dir neulich erzähle«, sagt Samuel. »Ich verkaufe meinen Körper an einen Doktor in der Park Avenue namens Bodeeker, aber ich kriege keine Mille dafür, wie ich damals hoffe. Leichen haben zur Zeit scheints keinen guten Preis, weil der Markt überfüllt ist, aber Doc Bodeeker zahlt mir immerhin vier Hunderter bei dreißig Tagen Lieferungsziel.

Ich ahne ja bisher überhaupt nicht, wie mühsam das ist, einen Leichnam loszuschlagen«, sagt Latschen-Samuel. »Drei Doktors hetzen mir die Blauen auf den Hals, als ich ihnen das Angebot mache, weil sie denken, ich bin übergeschnappt, nur Doc Bodeeker ist ein netter alter Kerl und geht gern auf das Geschäft mit mir ein, besonders wie ich Kanone als Referenz angebe. Doc Bodeeker sagt, nach einem Kopf mit so ner Form wie meinem sucht er schon seit Jahren, denn er ist scheints besonders scharf auf Köpfe. Aber«, sagt Samuel, »ich werde mir eine andere

Todesart ausdenken müssen, als aus dem Fenster zu springen, denn Doc Bodeeker wünscht nicht, daß mein Kopf verhunzt wird.«

»Mensch«, sage ich, »Ich finde das wirklich ganz grauenhaft, außerdem scheint mir das auch rechtmäßig gar nicht haltbar. Weiß Kanone, daß du deinen Körper verscheuerst?«

»Nein«, sagt Latsche. »Doc Bodeeker erkundigt sich bei ihm nur telephonisch, ob mein Wort was taugt, sagt ihm aber nicht, warum er das wissen will, sondern Kanones Auskunft genügt ihm. Jetzt werde ich meine Wirtin bezahlen und noch ein paar andere Schulden auch, und dann werde ich mich erst mal anständig rausfüttern, bis es an der Zeit ist, dies alte Jammertal zu verlassen.«

Aber Samuel geht scheints doch nicht gleich zu seiner Wirtin, um ihr seine Miete zu zahlen. Vielmehr guckt er vorher noch mal in Johnny Crackos Spiellokal unten in der Stadt rein, wo gewürfelt wird, allerdings mit einem 500-Dollar-Limit, weshalb die großen Leute selten hingehen, wo aber für kleine Spieler immer was zu holen ist. Und als Latschen-Samuel reinkommt, ist der Lange Nig scheints grade dabei, eine Vier zu versuchen, und jedermann weiß, daß eine Vier zu trudeln für den Langen Nig genauso kniffelig ist wie für jeden anderen.

Latschen-Samuel guckt also ein Weilchen zu, wie der Lange Nig sein Glück mit der Vier versucht, und ein Kerl namens Whitey bietet ihm zwei zu eins auf einen Hunderter an, daß der Lange Nig seine Vier machen wird, was bestimmt mehr Zutrauen zu dem Langen Nig beweist, als ich jemals aufbringen werde. Natürlich zieht Samuel a tempo seine zwei Hunderter, wie sich das für einen gehört, der zwei Hunderter besitzt, und wettet mit Whitey zweihundert zu hundert, daß der Lange Nig seine Vier nicht schafft. Gleich darauf kommt der Lange Nig mit ner Sieben raus, womit Samuel die Wette gewinnt.

Um die Sache kurz zu machen, Latschen-Samuel bleibt noch ne ganze Weile da und wettet mit den Kerls, daß andere Kerls ihre Vier nicht schaffen werden, oder was sie sonst grade würfeln wollen, und ehe man sichs versieht, hat Samuel sechs Mille an sich gebracht und das gesamte Spiel lahmgelegt. Die Nacht darauf treffe ich ihn in der ›Heißen Kiste‹, und Hortense, der fixe kleine Racker, ist mit ihm zusammen und läßt sich von ihm auf seinen Latschen rumschieben, und auch ein Blinder kann sehn, daß sie mindestens drei funkelnagelneue Brillantarmbänder trägt.

Ein, zwei Nächte später höre ich, Latschen-Samuel nimmt dem Langen George McCormack, einem ganz großen Spieler aus Los Angeles, achtzehn Mille in einem Kartenspiel ab, das man Tiefball nennt, dabei ist Latsche keinen Deut mehr dazu autorisiert, einen Kerl wie den

Langen George beim Tiefball aufs Kreuz zu legen, wie ich, Jack Dempsey zu verprügeln. Aber wenn ein Kerl beim Spielen endlich mal ne Glückssträhne erwischt, dann gibts für ihn kein Bremsen mehr, und so geht es jetzt auch Samuel. Jede Nacht hört man, daß er irgendwo eine Menge Zaster beim Spiel gewinnt.

Eines Morgens kommt er zu Mindy rein, und selbstverständlich setze ich mich sofort an seinen Tisch rüber, denn Latsche hat ja nun Geld und ist jetzt einer, mit dem man freiwillig verkehren kann. Ich bin grade im Begriff, ihn zu fragen, wie ihn das Schicksal so behandelt, obwohl ich ja genau weiß, es behandelt ihn recht ordentlich, als plötzlich ein grimmig aussehender alter Kerl reingeschossen kommt, dessen Gesicht sich hinter einem wilden Urwald grauer Barthaare verbirgt und dessen Augen wild und fürchterlich aus diesem Urwald rausfunkeln. Samuel wird ganz blaß, wie er den Kerl sieht, aber er nickt ihm zu, und der alte Kerl nickt zurück und verschwindet wieder.

»Wer ist denn der olle Rauschebart?« frage ich Samuel. »Der kommt doch neulich früh auch schon mal hier rein und sucht überall rum und macht alle Leute nervös, denn keiner kann sich vorstellen, wer das sein mag oder was er eigentlich will.«

»Das ist der olle Doc Bodeeker«, sagt Samuel. »Er kommt nur rein, um nachzusehen, ob ich noch in der Stadt bin. Mensch, wie ichs auch dreh und wende, ich sitze ganz verflucht in der Bredullje.«

»Zu was machst du dir eigentlich Kopfschmerzen?« frage ich. »Du hast doch haufenweise Geld und immer noch zwei Wochen Zeit, um dich zu amüsieren, bis dieser Doc Bodeeker seine Hypothek auf dich realisieren kann.«

»Weiß ich«, sagt Latsche ganz niedergeschlagen. »Aber wo ich jetzt den Zaster habe, sieht alles längst nicht mehr so dreckig aus wie vorher, und ich bereue es jetzt bitter, daß ich den Handel mit dem Doktor eingehe. Vor allem aber«, sagt Samuel, »von wegen Hortense.«

»Was ist denn mit Hortense?« frage ich.

»Ich glaube, sie verliebt sich in mich, seit ich in der Lage bin, ihr mehr Brillantarmbänder zu kaufen als der andere Kerl«, antwortet Samuel. »Wenn ich diese Schweinerei nicht am Bein hätte, hätt ich ihr schon längst einen Antrag gemacht, und vielleicht nimmt sie ihn sogar an, was das betrifft.«

»Dann versteh ich nicht«, sage ich, »warum du nicht einfach zu dem alten Rauschebart hingehst und ihm seinen Zaster wiedergibst, und du sagst ihm dann einfach, du hast es dir mit dem Verkauf deines Leichnams anders überlegt, obwohl du natürlich den ganzen Kies überhaupt nicht hättest, wenn Rauschebart dir damals deine Leiche nicht abgekauft hätt.«

»Tu ich doch längst«, antwortet Samuel, und dicke Tränen stehn in seinen Augen. »Aber er erklärt, er macht das Geschäft nicht rückgängig. Er sagt, er will das Geld nicht zurücknehmen. Woran ihm liegt, ist meine Leiche, weil ich einen so komisch geformten Schädel habe. Dann biete ich ihm das Vierfache an von dem, was er mir zahlt, aber er will es nicht annehmen. Er sagt, meine Leiche ist am 1. März prompt bei ihm anzuliefern.«

»Weiß Hortense was von dem Handel?« frage ich.

»Um Himmels willen!« ruft Latsche. »Und ich werde es ihr auch niemals erzählen, denn dann denkt sie, ich bin verrückt geworden, und mit Verrückten will Hortense nichts zu tun haben. Ja, sie beschwert sich sogar dauernd über den anderen Kerl, der ihr die Armbänder kauft, und behauptet, er ist nicht ganz bei Trost, und wenn sie nun auf die Idee kommt, ich bin genauso einer, dann kanns passieren, daß sie mich an die Luft setzt.«

Das ist nun allerdings ne verteufelte Situation, aber was man da machen kann, davon hab ich auch keine Ahnung. Am nächsten Tag erzähl ich den ganzen Fall einem Freund von mir, der Rechtsanwalt ist, und der sagt, er glaubt nie und nimmer, daß so ein Vertrag vor Gericht anerkannt wird, aber natürlich weiß ich, daß Latschen-Samuel sowieso nicht gern vor Gericht geht, weil Samuel das letzte Mal, als er vor Gericht muß, zehn Tage lang als Kronzeuge im Kittchen festgehalten wird.

Der Anwalt meint, Samuel kann einfach abhauen, aber ich persönlich halte das für eine sehr unehrenhafte Idee, nachdem Kanone sich bei dem alten Doc Bodeeker für Samuel verbürgt, und außerdem ist mir ja sowieso ganz klar, daß Latsche so was niemals tut, solange Hortense in der Gegend ist. Ich hab nämlich schon längst raus, daß Samuel ein einziges Haar von ihrem Kopf stärker hält als das ganze atlantische Kabel.

Eine Woche streicht vorüber, und ich kriege von Latschen-Samuel nicht viel zu sehn, ich höre nur, daß er all die kleinen Spielklubs durcheinanderwirbelt und einen Haufen Geld gewinnt und daß er mit Hortense zusammen die Nachtlokale unsicher macht, und Hortense besitzt inzwischen so viele Armbänder, daß sie auf den Armen überhaupt keinen Platz mehr haben, deshalb legt sie jetzt ein paar um die Fesseln, die übrigens gar nicht so übel anzusehen sind, ob mit oder ohne Armbänder, was das betrifft.

Dann vergeht noch eine Woche, und eines Morgens stehe ich zufällig vor Mindys Restaurant und überlege mir, daß die Frist für Samuel jetzt um sein muß und wie er nun wohl mit dem alten Doc Bodeeker zurechtkommt, als ich plötzlich etwas ploppe-di-plopp den Broadway raufgaloppieren höre, und was sehen meine Augen? Latschen-Samuel kommt in einem derartigen Tempo angeprescht, daß er Taxis mit sechzig Kilometer Geschwindigkeit die Stunde glatt überholt, als stünden sie still. Man kann wirklich sagen, lange Schritte nimmt er.

Um diese frühe Morgenstunde brennen noch keine Verkehrslampen und viel Verkehr gibt es auch nicht, und Samuel saust in einem atemraubenden Tempo an mir vorüber. Etwa zwanzig Meter hinter ihm folgt ein alter Kerl mit grauem Bart, und ich erkenne in ihm Doc Bodeeker. Mehr noch, er hat ein riesiges Messer in der Hand und bei jedem Satz macht er eine Bewegung, als ob er mit dem Messer nach Samuel ausholen will.

Das ist ja nun wohl wirklich ein höchst überraschendes Schauspiel, und ich renne hinter den beiden her, um zu sehn, wie sich die Sache weiterentwickelt, denn mir ist natürlich sofort klar, daß Doc Bodeeker hier versucht, Samuels Leichnam persönlich einzukassieren. Aber Rennen ist nicht grade meine starke Seite, im Nu sind sie meinen Blicken entschwunden, und nur weil ich sie mit dem Gehör verfolgen kann, da Samuels Latschen so laut ploppe-di-plopp machen, bleibe ich ihnen auf der Spur.

Bei der Vierundfünfzigsten Straße biegen sie vom Broadway rechts ab, und als ich endlich an die Ecke komme, sehe ich einen halben Block weiter einen Haufen Menschen vor der Heißen Kiste stehn, und ich sage mir, diese Ansammlung hat natürlich mit Samuel und Doc Bodeeker was zu tun, und zwar ehe ich noch am Eingang ankomme, wo Latschen-Samuel grade drinnen verschwindet, während Doc Bodeeker sich mit Soldat Sweeney, dem Portier, rumstreitet, weil Samuel dem Soldat im Vorbeilaufen zuruft, er soll den Kerl, der hinter ihm her ist, nicht reinlassen, und der Soldat, der ein guter Freund von Latschen-Samuel ist, stellt sich dem Doktor in den Weg.

In der Heißen Kiste sitzt scheints Hortense und wartet auf Samuel, und sie ist natürlich maßlos überrascht, ihn so völlig außer Atem reinstürmen zu sehn, und allen andern im Lokal gehts genauso, einschließlich Henri, dem Oberkellner, der mir hinterher erzählt, was drinnen vor sich geht, denn ich steh ja noch draußen vor dem Eingang. »Ein Geisteskranker verfolgt mich mit einem Schlachtermesser«, sagt Samuel zu Hortense. »Wenns ihm gelingt reinzukommen, bin ich erledigt. Er steht unten vor der Tür und versucht reinzukommen.«

Nun muß ich Hortense eins lassen, Mut hat sie massenhaft, was man allerdings auch erwarten kann von einer Tochter von Skush O'Brien, denn kein Kerl besitzt mehr Courage wie dieser Skush. Der Oberkellner Henri erzählt mir, daß Hortense sich überhaupt nicht aufregt, sondern nur sagt, sie will sich den Kerl mal eben ansehn, der hinter Samuel her ist.

Die Heiße Kiste liegt über einer Garage, und ihre Küchenfenster gucken auf die Vierundfünfzigste Straße raus, und während Doc Bodeeker sich noch mit Soldat Sweeney rumstreitet, höre ich ein Fenster aufgehn, und wer guckt raus? Hortense! Sie wirft nur einen kurzen Blick nach unten und dann zieht sie den Kopf schnell wieder ein, und wie mir Henri später erzählt, ruft sie:

»Mein Gott, Samuel, das ist ja der verrückte alte Kerl, der mir die ganzen Armbänder schickt und mich heiraten möchte!«

»Und er ist der Kerl, dem ich meinen Körper verkaufe«, sagt Samuel, und dann erzählt er Hortense die Geschichte mit seinem Handel mit Doc Bodeeker.

»Und alles deinetwegen, Horty«, sagt Samuel, obgleich das natürlich furchtbar geschwindelt ist, denn zunächst geschieht alles wegen Kanone. »Ich liebe dich und möchte nur an ein bißchen Kies kommen, um dir noch was Schönes bieten zu können, ehe ich sterbe. Wenn dieser Vertrag nicht wäre, würde ich dich fragen, ob du meine treuliebende Gattin werden willst.«

Und was geschieht jetzt? Hortense plumpst direkt in Samuels Arme und gibt ihm einen kräftigen Kuß mitten auf sein mordshäßliches Maul und dann spricht sie zu ihm wie folgt:

»Ich liebe dich auch, Samuel, denn noch nie bringt mir jemand solch ein Opfer, daß er seinen Körper für mich verpfändet. Kümmer dich nicht um den dämlichen Vertrag. Ich heirat dich auf der Stelle, nur müssen wir erst diesen verrückten alten Kerl da unten loswerden.«

Dann steckt Hortense noch mal den Kopf zum Fenster raus und ruft zu Doc Bodeeker runter: »Hau ab«, ruft sie, »sonst setz ich dir die Motten in deine Wolle, du alter Trottel!«

Aber ihr Anblick reizt den alten Doktor scheints nur noch allerhand mehr, und er fängt mit Soldat Sweeney eine wilde Balgerei an, so daß der Soldat ihm das Messer wegnehmen und es fortwerfen muß, ehe jemand damit verletzt wird.

Inzwischen sieht sich Hortense in der Küche scheints nach irgendeinem Gegenstand um, den sie dem alten Doc Bodeeker an den Kopf werfen kann, aber sie sieht nur einen prima Schinken, den der Koch grade vorher auf den Tisch legt, um ihn für Schinkenbrote aufzuschneiden. Es ist ein mächtiger Schinken, von der Art, wie er in der Heißen Kiste einen ganzen Monat reicht, denn sie schneiden die Scheiben für ihre Schinkenbrote sehr, sehr dünn in der Heißen Kiste. Einerlei, Hortense packt den Schinken jedenfalls, rennt damit zum Fenster und pfeffert ihn raus, ohne sich viel Zeit zum Zielen zu nehmen.

Leider trifft der Schinken den armen alten

Doc Bodeeker krachbum peng mitten auf die Birne. Der Doktor fällt nicht um, aber er taumelt wie ein Betrunkener in der Gegend rum.

Ich möchte ihm gerne helfen, weil mir Leute in so ner Lage leid tun und weil ich es außerdem von einer Puppe wie Hortense gradezu gemein finde, jemand mit einem Schinken zu bombardieren.

Also nehm ich den alten Doktor unter meine Fittiche und steuere ihn den Broadway runter zu Mindy rein, wo ich ihn auf einen Stuhl packe und ihm zur Wiederbelebung eine Tasse Kaffee und einen Bismarckhering bestelle, während sich eine Menge Mitbürger voller Teilnahme um ihn versammelt.

»Liebe Freunde«, sagt der alte Doktor schließlich und blickt sich im Kreise um, »ihr seht hier einen Mann mit gebrochenem Herzen vor euch. Bei mir ist durchaus keine Schraube los, obgleich allerdings meine Verwandten hinsichtlich dieser Behauptung vielleicht sofort Widerspruch erheben würden. Ich liebe Hortense. Ich liebe sie seit jenem Abend, als ich sie zum erstenmal in der Revue als Sonnenblume auftreten sehe. Ich möchte sie heiraten, indem ich schon seit langer Zeit verwitwet bin, aber irgendwie gefällt meinen Kindern die Idee, daß ich mich noch mal wieder verheirate, nicht im geringsten.

Das geht so weit«, fährt der Doktor mit Flüsterstimme fort, »daß sie manchmal sogar davon reden, mich einsperren zu lassen, wenn ich mal eine heiraten will. Deshalb erzähle ich ihnen nie was von Hortense, weil ich Angst habe, sie könnten versuchen, mir das zu vergällen. Aber ich liebe sie von ganzem Herzen und schicke ihr dauernd die schönsten Geschenke, obgleich ich sie nur ganz selten treffen kann wegen meiner Familie. Und dann entdecke ich plötzlich, daß Hortense mit diesem Latschen-Samuel geht.

Ich werde wahnsinnig eifersüchtig«, sagt der Doktor, »aber ich weiß nicht, was ich tun soll. Eines Tages sendet das Schicksal diesen Latschen-Samuel zu mir, und er offeriert mir seinen Leichnam. Natürlich praktiziere ich schon seit Jahren nicht mehr, halte mir nur noch aus alter Anhänglichkeit ein Sprechzimmer in der Park Avenue, und dort sucht er mich auf. Zuerst glaube ich, er ist verrückt, aber er gibt mir Mr. Armand Rosenthal, den großen Sportunternehmer, als Referenz auf, und der bestätigt mir, daß Latschen-Samuel in Ordnung ist.

Plötzlich kommt mir der Einfall, daß Latschen-Samuel, wenn ich auf seinen Vorschlag eingehe und wegen seines Leichnams diesen Vertrag mit ihm mache, am Verfallstermin todsicher durchbrennen wird und daß ich ihn dann«, so sagt der Doktor weiter, »als Nebenbuhler für Hortenses Zuneigung auf alle Zeiten los bin. Aber er geht einfach nicht. Ich mache einen Rechenfehler. Ich rechne nicht mit den starken Fesseln der Liebe. Und schließlich, in einem Anfall von rasender Eifersucht, setze ich ihm mit einem Messer nach und hoffe ihm damit einen solchen Schrecken einzujagen, daß er doch aus New York verschwindet. Aber es ist zu spät. Ich sehe jetzt, daß Hortense ihn wiederliebt, sonst leert sie nicht einen Eimer voll Kohlen über mir aus, um ihn zu verteidigen, wie sie das vorhin tut.

Jawohl, meine Herrn«, erklärt der alte Doktor, »mein Herz ist gebrochen. Auch habe ich scheints eine dicke Beule an meinem Kopf. Nehmen Sie noch hinzu, daß Hortense alle meine Geschenke hat und Latschen-Samuel mein Geld, so bin ich rundherum der Angeschmierte. Ich habe nur die eine Hoffnung, daß meine Tochter Eloise, Mrs. Sidney Simmons-Bragdon, nichts davon erfährt, sonst wird sie wieder so wütend wie damals, als ich die wunderschöne Zigarettenpuppe bei Jimmy Keller heiraten will.«

Hier wird Doc Bodeeker von seinen Gefühlen scheints völlig übermannt, denn er bricht in Tränen aus, und wir alle haben wirklich mächtiges Mitleid mit ihm, als Kanone, der alles mit anhört, plötzlich an ihn rantritt. »Machen Sie sich keine Gedanken um Ihre Geschenke und Ihren Kies«, sagt Kanone. »Ich komme für alles auf, denn ich bin ja derjenige, der für Latschen-Samuel grade steht. Zum ersten Mal in meinem Leben täusche ich mich in einem Kerl und ich muß dafür bezahlen, aber Latschen-Samuel wird es schwer, schwer bereuen, wenn ich ihn erwische. Natürlich kalkuliere ich die Puppe bei dem Fall nicht mit ein, und das verändert die Sachlage ja immer erheblich, und insofern behalte ich allerdings auch nicht direkt hundertprozentig Unrecht bei dem Kerl, was das betrifft.

Aber«, ruft Kanone mit lauter Stimme, so daß es alle hören können, »Latschen-Samuel ist nichts als ein elender Schwindler, indem er kneift, als er Ihnen laut Vertrag seinen Leichnam liefern soll, und in seinem ganzen Leben wird er nie wieder einen Dollar oder jemals wieder eine Referenz von mir kriegen und ebensowenig von meinen Bekannten. Mit seinem Kredit am Broadway ist es ein für allemal vorbei.«

Aber ich habe so eine Idee, als ob das Samuel und Hortense völlig schnuppe ist. Wie ich das letzte Mal von ihnen höre, sitzen sie weit vom Schuß drüben in New Jersey, wo selbst Kanones Leute nichts zu vermelden haben wegen Skush O'Brien und niemals riskieren werden, ihnen ein Härchen zu krümmen, und wie ich erfahre, ziehen die beiden nach Herzenslust Hühner und Kinder auf, und Hortense ihre Armbänder sind jetzt alle in Anleihe der Stadt Newark angelegt, die, wie man mir sagt, gar kein so schlechtes Papier ist, was das betrifft.

Kanone findet nach Haus

Eines Nachts spazieren Kanone und ich vor Mindys Restaurant am Broadway auf und ab und reden über dies und jenes, als eine rothaarige, zerlumpte Puppe vorbeikommt, die Äpfel für fünf Cent pro Exemplar verkauft, und Kanone, der gerne Äpfel ißt, langt sich einen aus ihrem Korb und gibt ihr einen Fünfdollarschein.

Die rothaarige, zerlumpte Puppe, die so um Anfang Dreißig ist und aussieht wie eine richtige Vogelscheuche, schielt auf den Fünfer und spricht zu Kanone wie folgt.

»Auf so einen Betrag kann ich nicht rausgeben«, sagt sie, »aber ich lauf rasch um die Ecke und wechsel.«

»Behalten Sie nur den Rest«, sagt Kanone, dabei beißt er ein großes Stück von dem Apfel ab und nimmt mich beim Arm, um mit mir weiterzugehn.

Aber die zerlumpte Puppe sieht Kanone noch mal an, und mir kommts so vor, als ob ihr plötzlich dicke Tränen in den Augen stehn, wie sie sagt: »Oh, vielen Dank, mein Herr! Vielen, vielen Dank! Gott segne Sie, mein Herr!«

Und dann läuft sie schleunigst weiter, die Hände vor den Augen und zitternd vor

Schluchzen, und Kanone dreht sich ganz erstaunt rum und sieht ihr nach, bis sie verschwunden ist.

»Meine Güte!« sagt Kanone. »Gestern abend schenke ich Doris Clare zehn Mille, und die macht nicht halb soviel Getue drum wie diese Puppe um einen Fünfer.«

»Na ja«, sage ich, »vielleicht braucht die Apfelpuppe den Fünfer nötiger als Doris die zehn Mille.«

»Mag sein«, sagt Kanone. »Und natürlich gibt Doris mir ja auch mehr dafür als nur nen Apfel und der Himmel sei gepriesen. Doris schenkt mir ihre Liebe. Und ich taxiere«, sagt Kanone, »diese Liebe kostet mich mehr Zaster als irgendeinen anderen Kerl auf der ganzen Welt.«

»Wird wohl so sein«, sage ich, und damit dürften wir beide richtig taxieren, denn ich rechne mir ungefähr aus, wenn Kanone für seine Liebesaffären mit nur etwa dreihundert Mille pro Jahr hinkommt, dann arbeitet er dabei sogar höchst rentabel, denn jedermann am Broadway weiß, daß Kanone drei verschiedene Puppen unterhält, abgesehen von einer treuliebenden Gattin noch dazu.

Tatsächlich wird Kanone von vielen Mitbürgern sogar manchmal als »König der Liebe« bezeichnet, aber nur hinter seinem Rücken, denn Kanone gefällt sich in dem Glauben, seine Liebesaffären sind für alle, außer vielleicht ein paar wenige Leute, ein tiefes Geheimnis, obwohl es sich bei dem einzigen Kerl in ganz New York, der, soviel mir bekannt ist, nicht genau über sie Bescheid weiß, um einen taubstummen Blinden handelt.

Ich lese früher einmal eine Geschichte über einen Knaben namens König Salomon, der vor langer Zeit lebt und tausend Puppen auf einmal hat, was man sozusagen als einen ganz beachtlichen Großbetrieb in Puppen bezeichnen kann, aber ich garantiere, alle Puppen von König Salomon sind zusammen nicht entfernt so kostspielig wie jede von Kanone seinen Puppen für sich. Allein schon die Unkosten von wegen Doris Clare können einen gewöhnlichen Sterblichen bereits in die Klapsbude bringen, und Doris Clare ist überhaupt noch anspruchslos im Vergleich zu Cynthia Harris und Bobby Baker.

Außerdem ist da noch Charlotte, Kanones treuliebende Gattin, die den Gesellschaftsfimmel hat und die dauernd eine Masse Kies benötigt, um ihren Betrieb in Gang zu halten. Einmal höre ich, wie Kanone Bobby Baker erzählt, seine treuliebende Gattin hat es mit der Gesundheit zu tun, aber in Wirklichkeit fehlt Charlotte gar nichts, was ein paar grüne Lappen nicht sofort wieder heilen können, obgleich das natürlich für fast alle Puppen auf dieser Welt gilt, die es mit der Gesundheit zu tun haben.

Wenn sich ein Kerl schon so lange am Broadway rumtreibt wie Kanone, dann ist es logisch, daß er überall Puppen sammeln muß, aber jeder andere sammelt immer nur eine auf einmal, und wenn die eine ihn abhängt, wie die Broadway-puppen das so an sich haben, dann sammelt er eine andere und so weiter und so weiter, bis er so alt geworden ist, daß er für Puppen keine Verwendung mehr hat, das wäre also, wenn er etwa hundertundvier Jahre alt geworden ist, obwohl mir ein paar Knaben zu Ohren kommen, die sogar diesen Rekord noch schlagen.

Aber wenn Kanone eine Puppe sammelt, dann scheint er sie in seiner Sammlung zu behalten, und bisher hat ihn keine jemals abgehängt, und während das für einen gewöhnlichen Sterblichen äußerst lästig werden muß, gefällt das Kanone im Gegenteil ganz kolossal, weil es ihn in der Überzeugung bestärkt, daß er eine gewaltige Macht über Frauen besitzt.

»Sie können ja nichts dafür, wenn sie sich in mich verlieben«, sagt Kanone eines Abends zu mir. »Und um alles in der Welt möchte ich keiner einzigen von ihnen den geringsten Kummer draus erwachsen lassen.«

Ich staune natürlich nicht schlecht, als ich einen so gewieften Jungen wie Kanone solche Reden führen höre, aber ich taxiere, daß er vielleicht selber an sie glaubt, denn Kanone hat ja auch immer eine sehr hohe Meinung von sich. Allerdings wollen verschiedene Leute wissen, der wahre Grund, weswegen Kanone seine Puppen immer alle behält, ist der, weil er viel zu egoistisch ist, um sie anderen zu gönnen, obwohl ich persönlich keine von ihnen geschenkt haben möchte, selbst wenn Kanone mir dabei noch was draufzahlt, mit einziger Ausnahme vielleicht von Bobby Baker.

Kanone hält jedenfalls seine Sammlung von Puppen schön zusammen und außerdem gibt er eine hübsche Stange Geld für sie aus, indem er ihnen Autos und Pelze und Diamanten kauft und schicke Wohnungen für sie einrichtet, und vor allem machens die schicken Wohnungen. Eines Tages setze ich Kanone auseinander, daß er doch einen Haufen Geld sparen kann, wenn er ein Haus mietet und alle seine Puppen einfach zu einer einzigen glücklichen Familie drin zusammenpfercht, statt sie einzeln über die ganze Stadt verstreut wohnen zu haben, aber Kanone meint, diese Idee taugt nichts. »Zunächst mal«, sagt er, »weiß keine was von der anderen, außer daß Doris und Cynthia und Bobby über Charlotte im Bilde sind, obwohl diese von ihnen natürlich keine Ahnung hat. Jede denkt, sie ist die einzige bei mir. Wenn ich sie jetzt aber alle zusammen in einen Stall sperre, werden sie bloß eifersüchtig aufeinander. Abgesehen davon«, sagt Kanone, »wäre so ein Arrangement auch höchst unmoralisch und gesetzwidrig. Nee«, sagt er, »viel besser, sie wohnen jede für sich, denn bedenke nur mal, wieviel Zuhauses ich dadurch gewinne, wo ich mich hinverziehen kann, wenn ich mal nach Haus gehn will. Ungelogen«, sagt Kanone, »ich glaube, ich habe mehr Möglichkeiten, nach Haus zu gehn, als irgendein anderer Kerl am Broadway.«

Schön, soll er recht haben, was Kanone aber mit all den vielen Zuhauses machen will, ist am Broadway ein großes Rätsel, wo er doch sowieso nur ganz selten nach Haus geht, weil er sich nämlich einbildet, ausgerechnet wenn er zu Haus ist, könnte in der Stadt irgendwas passieren, wo er dann seine Finger nicht mit drin hat. Besondere Lokale, wo er gerne hingeht, hat Kanone nicht. Er läßt sich auch nie mit einer von seinen Puppen sehn, höchstens vielleicht ein- oder zweimal im Jahr mit Charlotte, seiner treuliebenden Gattin, und schließlich geht er auch mit ihr nicht mehr aus, weil Doris Clare sagt, es macht einen schlechten Eindruck auf ihre Bekannten.

Kanone heiratet Charlotte, lange bevor er der größte Spieler in den Oststaaten wird und ein vielfacher Millionär, aber es liegt ihm absolut nicht, zu Haus rumzusitzen und mit seiner treuliebenden Gattin zu quatschen, wie viele Ehemänner das tun. Außerdem muß er, solange er noch arm ist, in einem Stadtteil wohnen, der viel zu weit draußen liegt, als daß er leicht nach Haus gehn könnte, deshalb hat er sich das schließlich überhaupt ganz abgewöhnt.

Aber Charlotte ist nicht grade eine, die sich viel draus macht, länger als ein oder zwei Jahre immer nur die Bilder an der Wand anzustieren, denn die Bilder bei ihr an der Wand stellen scheints nur weidende Kühe oder Häuser im Schnee dar, deshalb geht auch sie nicht öfter als nötig nach Haus und sie hat ihren eigenen Freundeskreis und ist bestimmt glücklich dabei, besonders nachdem Kanone es inzwischen so weit gebracht hat, daß er ihr immer ganz schön was schicken kann.

Eins muß ich Kanone und seinen Puppen jedoch lassen: Nie sucht er sich ne Vogelscheuche aus. Er hat einen vortrefflichen Blick für hübsche Gesichter und eine gute Figur, und selbst Charlotte, seine treuliebende Gattin, ist keine Vogelscheuche, obgleich sie heute nicht mehr die allerjüngste ist. Was Doris Clare betrifft, so ist sie in ihrer besten Zeit mal ein berühmter Ziegfeld-Star, und wenn das auch nicht grade gestern oder vorgestern ist, so hat sich Doris betreffs Aussehen doch noch immer ganz gut gehalten. Großzügig geschätzt, möchte ich sagen, daß Doris zwei- oder dreiunddreißig Jahre ist, aber sie hat trotzdem noch allerhand auf dem Kasten, was das betrifft, und ihr Haar ist immer noch sehr blond, was man gar nicht anders sagen kann.

Dabei ist es Kanone ziemlich egal, ob seine Puppen blond oder dunkel sind, denn Cynthia Harris ihr Haar ist schwarz wie die Nacht, während Bobby Baker grade dazwischen liegt mit ihrem hellbraunen Haar. Cynthia Harris ist verglichen mit Doris mehr eine Neuerscheinung, denn sie kommt von Earl Carroll's Revue »Vanities« her, und wie ich höre, kommt sie zum ersten Mal nach New York als Miss Irgendwer bei so einer Schönheitskonkurrenz, die sie auch spielend gewonnen hätte, wenn nicht einem der Preisrichter von einer Miss Irgendweranders ganz groß zugeblinzelt worden wäre. Natürlich blinzelt Cynthia damals auch ne ganze Masse, aber sie hat sich jemand dazu ausgesucht, den sie für einen Schiedsrichter hält, dabei ist das bloß ein Zeitungsfritze, der bei der Entscheidung überhaupt nicht mitzureden hat.

Aber Mr. Earl Carroll hat Mitleid mit Cynthia und er steckt sie in seine Revue und läßt sie im Evakostüm rumlaufen, und Kanone sieht sie dort, und siehe da, schon fährt sie in einem phantastischen ausländischen Wagen rum, so groß wie ein Linienschiff, und macht ganz schöne Wellen.

Ich für meine Person halte Bobby Baker jederzeit für die raffinierteste von Kanone seinen Puppen, denn was ihr Aussehen betrifft, so ist sie weder hübsch noch häßlich, und sie hat vom Leben keine jener Annehmlichkeiten mitgekriegt wie Doris Clare und Cynthia Harris, so zum Beispiel Bühnenengagements, wobei sie mit ihrer Figur vor Kerls wie Kanone rumparadieren können. Bobby Baker startet als simple Privatsekretärin bei einem Wallstreet-Knaben, und da muß sie natürlich dauernd Kleider tragen, oder doch wenigstens soviel Kleider, wie die Durchschnittspuppe heutzutage trägt, und das ist ja nicht sehr viel, was das betrifft.

Eines Tages hat Kanone scheints mit dem Knaben, für den Bobby arbeitet, geschäftlich zu tun und kommt zufällig mit ihr ins Gespräch, und da erzählt sie ihm, wie sie ihn schon immer kennenlernen möchte, wo sie so viel von ihm hört und liest, und daß er wirklich ein so schöner Mensch ist und so romantisch aussieht, wie sie sich ihn immer vorstellt.

Ich möchte ausdrücklich feststellen, daß ich noch nie eine Dame der Lüge bezichtigt habe, denn ich bin immer Gentleman, und von mir aus soll Bobby Baker wirklich glauben, daß Kanone ein schöner Mann ist und romantisch aussieht, aber persönlich taxiere ich, daß sie, wenn sie ihn auch nicht grade anlügt, doch zum wenigsten gelinde übertreibt, als sie sich zu Kanone in dieser Weise äußert. Das einzige, was man von Kanone heute noch sagen kann, ist, daß er sich immer tadellos anzieht.

Er ist ungefähr vierzig, wobei es auf ein paar Jahre mehr oder weniger nicht ankommen soll, und er fängt langsam an, sich einen kleinen Spitzbauch zuzulegen – kein Wunder, wo er dauernd an Kartentischen rumsitzt und nie die geringste Gymnastik treibt, außer daß er mit Leuten wie mir jeden Abend ein paar Stunden vor Mindys Lokal auf- und abspaziert. Er hat ein glattes, sauberes Gesicht, eine besonders helle Haut um den Mund, schöne Zähne und kann sehr freundlich lächeln, wenn ihm daran liegt, was er aber nie tut bei den Leuten, die ihm Geld schulden.

Und ich muß hervorheben, Kanone ist das, was man eine Persönlichkeit nennt. Er kann wunderbar erzählen, allerdings ist er selber immer der Held seiner Geschichten, und er hat ein besonderes Talent, sich bei den Puppen auf viele Weise beliebt zu machen. Er ist durchaus nicht ungebildet, und während Puppen von der Sorte wie Cynthia und Doris, und vielleicht auch Charlotte, viel mehr Wert auf ein Anschreibekonto im Juwelengeschäft legen als auf die gesamte Bildung aller Universitäten zusammengenommen, so scheint Bobby Baker für gebildete Gespräche eine ganze Menge übrig zu haben, weshalb sie bei Kanone natürlich auch reichlich davon zu schlucken hat.

Es dauert aber auch nicht lange, da kutschiert Bobby bereits in einem Wagen rum, der noch größer ist als der von Cynthia, obgleich keiner von beiden so groß ist wie Doris ihr Wagen, und alle ihre Freundinnen aus dem Vorort, wo Bobby herstammt, sind mächtig neidisch und verbreiten Klatschgeschichten über sie, dabei halten sie aber selber die Augen ganz hübsch nach einem schönen Auto auf.

Ich persönlich denke immer, Kanone vergibt sich gesellschaftlich ein bißchen was, wenn er mit ner Puppe aus einem Vorort anbandelt, besonders wo Bobby Baker sich bald für literarische Knaben zu interessieren beginnt, wie zum Beispiel für Zeitungsschmocks und ähnliche Typen aus Greenwich Village.

Also, wie mans auch nimmt, Bobby Baker ist eine höchst raffinierte kleine Puppe, und in den vier oder fünf Jahren, die sie zu Kanone seinem Damenflor gehört, holt sie mehr Zaster aus ihm raus als alle anderen zusammengenommen, weil sie ihm dauernd vorerzählt, wie heiß sie ihn liebt und daß sie ohne ihn überhaupt nicht leben kann, während Doris Clare und Cynthia Harris höchstens ein- oder zweimal im Monat daran denken, dieses zu erwähnen.

Da passiert es plötzlich eines Morgens früh, daß ein Kerl namens Daffke-Jack hergeht und Kanone ein Messer zwischen die Rippen sticht. Dahinter steckt scheints ein gewisser Homer Swing, der bei Kanone dicke Spielschulden hat und der mächtig einschnappt, als Kanone leise bei ihm auf Zahlung drängt. Daffke-Jack, der sonst als unfehlbarer Künstler in seinem Fach gilt, zielt zwar auf Kanone sein Herz, trifft diesmal aber ein paar Zentimeter daneben und läßt Kanone mit einer üblen Stichwunde in der Seite liegen, bei der es ohne allerhand Nadeln nicht abgehen wird.

Der Lange Nig, ein bekannter Spieler, und ich stehen so um zwei Uhr morgens an der Ecke Zweiundfünfzigste Straße und Siebte Avenue und klönen über belanglose Dinge, als Kanone plötzlich aus der Zweiundfünfzigsten Straße rantaumelt und dem Langen Nig in die Arme sinkt, wobei er mit all dem Blut, das aus seiner Wunde strömt, prompt einen funkelnagelneuen Überzieher total ruiniert, für den Nig grade vor ein paar Tagen erst sechzig Dollar bezahlt. Natürlich ist der Lange Nig sehr ungehalten darüber, aber wir sehen ein, daß es in diesem Augenblick nicht angebracht ist, Kanone deswegen Vorhaltungen zu machen. Wir stellen sofort fest, daß man Kanone ganz hübsch zersäbelt hat und daß er ganz übel dran ist.

Natürlich sind wir durchaus nicht überrascht, Kanone so zugerichtet zu sehn, denn seit Jahren gibt man praktisch schon keinen Cent mehr für sein Leben hier in New York, weil alle möglichen Kerls nur darauf lauern, ihm irgendwas antun zu können, aber natürlich erwarten wir keineswegs, ihn hier tranchiert zu sehn wie eine Martinsgans. Viel eher sind wir drauf gefaßt, daß er eines Tages ein paar Kugeln verpaßt kriegt, und Nig und ich sind alle beide höchst ärgerlich bei dem Gedanken, daß hier Kerls in der Gegend rumlaufen, die mit solchen Instrumenten wie einem Messer auf jemand losgehn.

Aber während wir noch drüber nachdenken,

redet Kanone zu mir wie folgt: »Ruf Hymie Weißberger und Doc Frisch«, sagt er, »und bring mich nach Haus.«

Ein Mann wie Kanone verlangt selbstverständlich zuerst nach seinem Rechtsanwalt und dann erst nach seinem Doktor. Hymie Weißberger ist Kanone sein Sprachrohr und ein ganz versierter Bursche, was das betrifft.

»Nee«, sage ich, »wir bringen dich lieber in ein Krankenhaus, wo du sofort richtig behandelt wirst.«

»Nein«, keucht Kanone mühsam. »Ich möchte keinesfalls, daß dies an die große Glocke kommt. Es ist im Augenblick sehr schädlich für mich, wenn es rauskommt, und wenn ihr mich ins Krankenhaus bringt, müssen sie es der Polizei melden. Bringt mich nach Haus.«

Natürlich frage ich, zu welchem Nachhaus, da mir die Frage von wegen Kanones Zuhaus ziemlich verwickelt vorkommt, und er scheint auch selber erst mal eine Weile nachzudenken, als ob diese Frage gut überlegt sein will.

»Park Avenue«, sagt Kanone schließlich. Der Lange Nig hält also ein Taxi an, wir helfen Kanone rein und geben dem Fahrer die Adresse von dem Etagenhaus an der Park Avenue, dicht bei der Vierundsechzigsten Straße, wo Kanones treuliebende Gattin Charlotte wohnt.

Als wir hinkommen, halt ich es für gut, wenn ich erst mal raufgeh und Chalotte schonend vorbereite, weil ich mir vorstellen kann, was für ein Schock es für eine treuliebende Gattin sein muß, wenn man ihren Mann in aller Herrgottsfrühe völlig zersäbelt nach Haus bringt.

Aber der Portier und der Page im Fahrstuhl wollen mich erst nicht rauflassen und sagen, daß in Kanones Wohnung grade eine dicke Fete im Gang ist, aber als ich ihnen klarmache, daß Kanone krank ist, lassen sie mich doch rauf. Auf mein Klingeln macht mir ein dicker fetter Diener die Tür auf, und ich seh einen Haufen Puppen und Kerls in Abendkleidung und Frack in der Wohnung, und jemand singt grade sehr laut.

Der Diener versucht mir klarzumachen, daß ich Charlotte nicht sprechen kann, aber schließlich überzeuge ich ihn doch, daß sie gut dran tut, und so kommt sie nach einer Weile an die Tür, und, nebenbei bemerkt, sie ist eine wahre Augenweide mit all dem vielen Schmuck am Leib. Um ihr nicht gleich einen großen Schrecken einzujagen, rede ich erst ein bißchen drum rum, und dann sage ich ihr, Kanone hat einen Unfall und wir haben ihn unten in einer Taxe, und ich möchte gerne wissen, wo wir ihn hinbringen sollen.

»Was für eine Frage«, sagt sie, »natürlich doch ins Krankenhaus. Ich habe heute abend ein paar prominente Herrschaften bei mir zu Gast und ich kann nicht zulassen, daß sie durch die Ankunft eines Patienten gestört werden, der ins Krankenhaus gehört. Schafft ihn ins Krankenhaus und sagt ihm, ich komm ihn morgen besuchen und bring ihm auch ein schönes Süppchen.«

Ich versuche ihr klarzumachen, daß Kanone kein Süppchen braucht, sondern einen vernünftigen Ort, wo er ruhig liegen kann, aber schließlich wird sie ordentlich ausfallend gegen mich und schlägt mir die Tür vor der Nase zu und redet dabei wie folgt:

»Ich hab Ihnen gesagt, Sie sollen ihn ins Krankenhaus bringen. Es ist sowieso einfach lachhaft, daß er um diese Zeit nach Haus kommt. Zwanzig Jahre lang kommt er nicht mehr so früh nach Haus.«

Wie ich auf den Fahrstuhl warte, öffnet sie die Tür noch mal einen kleinen Spalt und fragt:

»Übrigens, ist er schlimm verletzt?«

Ich antworte, wir wissen noch nicht, wie schlimm er verletzt ist, und dann macht sie die Tür wieder zu, und wie ich zur Taxe zurückgeh, denk ich, was für eine herzlose Person sie doch ist, obgleich ich auch wieder begreife, wieso es ihr mächtig ungelegen kommen muß, sich ihre ganze Fete verkorksen zu lassen.

Kanone liegt mit halbgeschlossenen Augen in eine Ecke des Wagens zurückgelehnt, und der Lange Nig hat das Blut zwar mit einem Taschentuch ein wenig gestillt, aber Kanone scheint mir doch schon reichlich schwach zu reagieren. Er wird wieder etwas lebendiger, als ich einsteige, und als ich ihm erzähle, seine treuliebende Gattin ist nicht zu Haus, lächelt er kaum merklich und wispert:

»Bringt mich zu Doris.«

Doris wohnt in einem großen Etagenhaus ziemlich weit weg in der Zweiundsiebzigsten Straße in der Nähe vom Riverside Drive, und ich sage dem Taxichauffeur, er soll da hinfahren, während Kanone allmählich einzuduseln scheint. Dann beugt Nig sich zu mir rüber und spricht zu mir wie folgt:

»Völlig sinnlos, ihn dahin zu bringen«, sagt Big Nig. »Ich sehe Doris gestern abend ganz groß aufgedonnert in ihrem Hermelinmantel mit diesem Schauspielerfritzen Jack Walen losziehn, in den sie verknallt ist. Es ist ein riesiger Skandal überall, wie die beiden sich aufführen. Komm, wir bringen ihn zu Cynthia«, sagt Nig. »Sie hat ein großes Herz und wird ihn nur zu gerne aufnehmen.«

Cynthia Harris bewohnt eine große Zimmerflucht, die ihre fünfzehn Mille pro Jahr kostet, in einem großen Hotel dicht an der Fünften Avenue, weil sie nämlich gerne nahe bei allem sein will, damit sie schnell überall hinkommen kann, wo sie hört, daß sich was tut. Als wir dort ankommen, rufe ich sie auf ihrem Zimmer an und sage ihr, daß ich sie in einer ganz wichtigen Angelegenheit sprechen muß, worauf sie sagt, ich soll nur raufkommen.

Inzwischen ist es etwa Viertel nach drei, und ich bin eigentlich platt, Cynthia überhaupt anzutreffen, aber da steht sie tatsächlich und sieht wirklich ganz prächtig aus in ihrem Negligé und mit dem aufgelösten Haar, und ich stelle fest, daß Kanone gar keinen so schlechten Geschmack besitzt. Sie begrüßt mich mit einem recht freundlichen »Hallo«, aber kaum habe ich ihr auseinandergesetzt, was der Zweck meines Kommens ist, da verhärtet sich ihre Miene, und sie spricht zu mir wie folgt:

»Hören Sie«, sagt Cynthia, »ich habe schon Ärger genug in diesem verdammten Laden hier, nachdem sich nämlich gestern abend, wo ich ein paar Gäste dahabe, zwei Kerls derartig um mich prügeln, daß der Hausdetektiv raufkommen muß, um sie auseinanderzubringen, und ich habe nicht das geringste Verlangen nach mehr. Nehmen Sie nur an, es kommt raus, daß Kanone hier ist. Was werden die Zeitungen alles über mich schreiben! Denken Sie doch bitte an meinen Ruf!«

Also, nach zehn Minuten sehe ich schließlich ein, daß es keinen Zweck hat, noch weiter mit ihr rumzustreiten, denn sie ist schneller mit der Zunge als ich, und sie redet fast nur davon, was für eine Katastrophe das für ihren guten Ruf bedeuten muß, wenn sie Kanone aufnimmt, deshalb lasse ich sie in ihrem Negligé in der Türe stehen, immer noch ein Anblick für Götter, was das betrifft.

Jetzt bleibt uns nur noch übrig, Kanone zu Bobby Baker zu schaffen, die am Sutton Place direkt am East River zwei Etagen bewohnt, dort, wo sich die feinen Leute eine Kolonie von hochfeudalen Wohnungen hingesetzt haben, mitten zwischen alten Mietskasernen, und während wir mit Kanone, der im Wagen zurückliegt und kaum noch atmet, dort hinfahren, rede ich zum Langen Nig wie folgt:

»Nig«, sage ich, »wenn wir zu Bobby kommen, tragen wir Kanone gleich rein und fragen sie vorher gar nicht erst lange, und dann legen wir ihn ihr einfach vor die Tür, so daß sie gar nicht anders kann, als ihn aufzunehmen, obgleich«, sage ich, »Bobby Baker eine anständige kleine Puppe ist, und ich bin überzeugt, sie wird sowieso für ihn tun, was sie kann, zumal«, sage ich, »wo er doch fünfzig Mille für diese Wohnung zahlt, wo wir jetzt hinfahren.«

Als das Taxi dann vor Bobbys Haus hält, heben Nig und ich Kanone also aus dem Wagen raus und schleppen ihn mit vereinten Kräften bis vor die Tür von Bobbys Wohnung, wo ich klingele. Bobby macht selber auf, und ich sehe grade noch, wie hinter ihr die Beine von einem Kerl in eine Zimmertür entwetzen, obgleich natürlich gar nichts weiter gegen so einen Anblick zu sagen ist, selbst wenn die Beine von dem Kerl in einer rosa Pyjamahose stecken.

Natürlich ist Bobby mächtig erstaunt, als sie

uns mit Kanone zwischen uns baumelnd erblickt, aber sie fordert uns nicht auf, reinzukommen, wie ich ihr erkläre, daß Kanone angestochen worden ist und daß seine letzten Worte lauten, wir sollen ihn zu seiner Bobby bringen. Ja, sie läßt mich meine Geschichte sogar nicht mal zu Ende erzählen, die wirklich sehr traurig würde, wenn Bobby mich nur ausreden ließe.

»Wenn ihr ihn nicht auf der Stelle wegschafft«, sagt Bobby, noch ehe ich Gelegenheit habe, etwas Pathos anzubringen, »rufe ich die Polizei, und dann werdet ihr Kerls verhaftet, weil ihr im Verdacht steht, daß ihr wißt, wie er verletzt worden ist.«

Damit knallt sie uns die Tür ins Gesicht, und wir schleifen Kanone wieder die Treppe runter auf die Straße, weil uns plötzlich ein Licht aufgeht, daß Bobby ja völlig recht hat, denn wenn man Kanone in diesem Zustand bei uns findet, und er womöglich auch noch eingeht, dann sitzen wir verflixt in der Tinte, weil die Blauen solchen Jungens wie dem Langen Nig und mir natürlich einfach nicht glauben werden, einerlei was wir ihnen auch erzählen.

Der Taxifritze muß wohl denselben Geistesblitz gehabt haben wie wir, nachdem wir Kanone vorhin aus dem Wagen heben, denn er ist spurlos verschwunden, und da stehn wir nun in aller Herrgottsfrühe ganz weit draußen am East River, weit und breit ist kein anderes Taxi zu

sehn, und jede Minute kann ein Blauer vorbeikommen.

So bleibt uns nichts weiter übrig, als erst mal
von hier zu verschwinden, und so setzen wir uns
in Bewegung, wobei ich Kanone an den Füßen
anfasse und der Lange Nig am Kopf. Wir
schleppen uns ein paar Häuserblocks weiter,
immer ganz langsam, und dabei verkrümeln wir
uns in dunkle Torwege, sobald wir jemand
kommen hören, und wir befinden uns jetzt in
einer Mietskasernengegend, als aus einem Keller-
eingang von so einer Mietskaserne urplötzlich
eine Puppe rausgespritzt kommt. Ehe wir uns in
eine dunkle Ecke verdrücken können, hat sie uns
schon gesehen, und für eine Puppe muß sie schon
verdammt gute Nerven haben, denn sie kommt
schnurstracks auf uns zu und beäugt erst den
Langen Nig und mich, und dann beäugt sie
Kanone, der irgendwo unterwegs seinen Hut
verliert, so daß sein blasses Gesicht selbst bei der
matten Straßenbeleuchtung deutlich zu erkennen ist.

»Nanu«, sagt die Puppe, »das ist doch der
freundliche Gentleman, der mir damals die fünf
Dollar für den Apfel gibt – und ich kann von
dem Geld die Medizin kaufen, die meinem
Johnny das Leben rettet. Was ist denn mit ihm
los?«

»Gar nichts ist mit ihm los«, sage ich zu der
Puppe, die noch genauso zerlumpt aussieht und

noch genauso rothaarig ist wie neulich, »außer, daß er uns jeden Augenblick abkratzen wird, wenn wir ihn nicht schleunigst irgendwo parken können.«

»Bringt ihn in meine Wohnung«, sagt sie und deutet auf das Kellerloch, wo sie grade rauskommt. »Viel Staat kann ich mit meiner Wohnung ja nicht machen, aber ihr könnt ihn dort erst mal ruhig hinlegen, bis ihr Hilfe holt. Ich geh nur mal eben zur Apotheke rüber, um noch ein bißchen Medizin für Johnny zu holen, obwohl er jetzt durch die Güte dieses Gentleman hier außer Gefahr ist.«

So schleppen wir Kanone denn hinter der Puppe her die Kellertreppe runter und folgen ihr in ein kleines Zimmer, in dem es riecht wie in einer chinesischen Wäscherei und das scheints voll mit Kindern ist, die überall am Boden rumliegen und schlafen. Bett steht nur eins im Zimmer, und viel ist damit beim besten Willen auch nicht los, und außerdem scheint schon ein Kind drin zu liegen, aber die rothaarige Puppe schiebt das Kind auf die Seite rüber und macht uns ein Zeichen, Kanone daneben zu legen. Dann holt sie einen feuchten Lappen und macht sich daran, Kanone seine Birne zu kühlen.

Wirklich schlägt er die Augen auf und guckt sich die rothaarige, zerlumpte Puppe an, und sie grinst ihn höchst freundlich an. Wie ich mir das alles hinterher durch den Kopf gehen lasse, taxiere ich, daß Kanone einen Haufen von dem mitkriegt, was passiert, als wir ihn so in der Gegend rumschleifen, wenn er auch kein Wort sagt, vielleicht weil er dazu zu schwach ist. Jedenfalls dreht er sich zum Langen Nig und spricht zu ihm wie folgt:

»Hol Weißberger und Frisch, so schnell du kannst«, sagt er, »auf jeden Fall bring Weißberger her. Ich weiß nicht, wie schwer ich verletzt bin, und ich muß ihm noch ein paar Sachen sagen.«

Wie sich dann rausstellt, ist Kanone allerdings ganz sauber zugerichtet, und tatsächlich kommt er auch nicht wieder hoch, sondern er bleibt in dem Kellerloch, bis er nach drei Tagen stirbt, und die rothaarige Puppe pflegt ihn so lange Seite an Seite mit ihrem kranken Johnny, weil der Quacksalber, der gute Doc Frisch, der Ansicht ist, es nützt doch nichts mehr, Kanone umzuquartieren, und hat höchstens zur Folge, daß er nur noch schneller abkratzt. Tatsächlich ist Doc Frisch höchst erstaunt, daß Kanone überhaupt noch am Leben ist, so, wie wir ihn vorhin umherzerren.

Bei Kanones Trauerfeier in Wiggins Bestattungsinstitut bin ich natürlich zugegen, wie der ganze Broadway auch, und ich muß feststellen, noch nie in meinem Leben seh ich so viel Blumen auf einmal. Sie hüllen den ganzen Sarg ein, und wir waten in ihnen bis an unsere Knie, und mancher Kranz muß eine schöne Stange Geld gekostet haben bei den dicken Blumenpreisen heute in New York. Ich nehme an, erst durch die Pracht und Kostbarkeit der verschiedenen Blumenspenden werde ich auf ein winziges Sträußchen halbverwelkter roter Nelken aufmerksam, nicht viel größer als eine Faust, das neben einem Veilchenarrangement liegt, von der Größe eines Pferderückens.

An den Nelken ist ein Kärtchen befestigt, und auf ihm steht zu lesen: »Für einen gütigen Gentleman«, und ich muß plötzlich denken, von all den Blumen hier, die so viele tausend Dollar kosten, sind diese halbverwelkten Nelken die einzigen, die aufrichtig von Herzen kommen. Als ich das dem Langen Nig erzähle, meint er, damit kann ich schon recht haben, aber er sagt, daß selbst ein aufrichtiges Herz Kanone dort, wo er jetzt hingeht, nichts mehr nützen kann.

Jeder wird bestätigen, daß, was hemmungsloses Schluchzen bei einer Trauerfeier betrifft, Kanones treuliebende Gattin Charlotte eine stolze Leistung vollbringt, aber sie liegt weit hinter Doris Clare, Cynthia Harris und Bobby Baker zurück. Bobby Baker heult und schreit tatsächlich so laut, daß einige sogar sagen, man soll sie doch einfach an die Luft setzen.

Später erfahre ich dann allerdings, daß die lauten Tränenströme bei der Trauerfeier noch ein Pappenstiel sind gegen die Heulerei, die alle vier anstimmen, als sich rausstellt, daß Kanone auf dem Totenbett Hymie Weißberger ein neues Testament aufsetzen läßt und seinen ganzen Zaster der rothaarigen, zerlumpten Puppe hinterläßt, die scheints O'Halloran heißt und die Witwe eines Maurers ist und fünf Kinder hat.

Zuerst ist der ganze Broadway natürlich begeistert von Kanones großer Herzensgüte, und alle finden, daß seiner treuliebenden Gattin und Doris und Cynthia und Bobby ganz recht geschieht, und nach den Reden, die sie alle führen, könnte man glauben, sie werden Kanone noch ein Denkmal setzen wegen seiner Hochherzigkeit gegenüber der rothaarigen, zerlumpten Puppe.

Aber zwei Wochen nach seinem Tode höre ich, wie verschiedene Mitbürger sagen, höchstwahrscheinlich ist die rothaarige, zerlumpte Puppe niemand anders als eine von Kanones verflossenen Puppen, und daß vielleicht auch die Kinder von ihm stammen, und er vermacht ihnen seinen ganzen Zaster nur, weil ihn das Gewissen drückt, als es mit ihm zu Ende geht, denn so ist das nun mal am Broadway. Aber ich persönlich weiß genau, daß das nicht stimmt, denn wenn es etwas gibt, was Kanone nie besessen hat, dann ist es ein Gewissen.

Der Blutdruck

Es ist vielleicht halb zwölf an einem Mitt-wochabend, und ich stehe an der Ecke Achtundvierzigste Straße und Broadway und denke über meinen Blutdruck nach, was eine Angelegenheit ist, über die ich mir bisher noch nie viel Kopfzerbrechen mache.

Tatsache, von meinem Blutdruck hab ich überhaupt noch nie was gehört, bis zu diesem Mittwochnachmittag, wo ich wegen meinem Magen bei Doktor Brennan vorbeigehe und er mir so ein komisches Ding um den Arm wickelt und mir erzählt, daß mein Blutdruck höher ist, als wie ne Katze springen kann, und ich tue besser dran, vorsichtig zu sein, was ich esse, und vermeide lieber alle Aufregung, oder ich kratze auf einmal ganz plötzlich ab, wenn ich am wenigsten drauf gefaßt bin.

»Ein nervöser Knabe, so wie Sie einer sind, mit einem so haushohen Blutdruck, muß ruhiger leben«, sagt Doc Brennan. »Macht zehn Dollar«, sagt er.

Ich stehe also da und denke, so wie die Dinge hier in der Stadt im Augenblick aussehn, sollte es weiter gar nicht so schwer fallen, Aufregungen zu vermeiden, und ich wünsche mir gerade, hätte ich doch nur meine zehn Eier wieder und könnte sie morgen beim vierten Rennen in Pimlico auf Sonnenbrand setzen, als ich plötzlich hochgucke, und wer steht vor mir? Niemand anders als Rostkopp-Charly.

Na, wenn ich im geringsten ahne, daß Rostkopp-Charly mir in den Weg läuft, dann wette ich um allen Kaffee in Java, daß ich im selben Augenblick bereits über alle Berge bin, denn Rostkopp-Charly ist niemand, mit dem ich auch nur das Allergeringste zu tun haben möchte. Nee, den möchte ich noch nicht mal von ferne sehn. Im übrigen will auch sonst niemand in New York mit Rostkopp-Charly was zu tun haben, denn mit ihm ist verdammt schlecht Kirschen essen. Es gibt tatsächlich auf der ganzen Welt keinen gefährlicheren Burschen als ihn. Er ist ein riesiger, massiver Kerl mit zwei gewaltigen, harten Fäusten, und er ist sehr bösartig veranlagt, er macht sich gar nichts draus, Leute einfach niederzuschlagen und ihnen mit seinen Absätzen in der Visage rumzutreten, wenn er grade Lust dazu hat. Kurz und gut, dieser Rostkopp-Charly ist das, was man einen Gorilla nennt, denn er ist bekannt dafür, daß er oft eine Pistole in der Hosentasche trägt und manchmal Leute mit ihr kurzerhand ins Jenseits befördert, wenn ihm ihre Nase nicht gefällt, und Rostkopp-Charly hat in bezug auf Nasen sehr leicht was auszusetzen. Man darf getrost annehmen, daß Rostkopp-Charly schon manch einen in unserer Stadt niedergeknallt hat, und wen er nicht über den Haufen schießt, den sticht er mit seinem Pieker tot – was ein Messer ist – und der einzige Grund, warum er nicht im Kittchen sitzt, ist, weil er gerade rauskommt, und das Gericht hat noch keine Zeit gehabt, sich was auszudenken, wofür man ihn wieder von neuem einlochen kann.

Ist ja auch egal, jedenfalls merke ich überhaupt erst, daß Rostkopp-Charly in meiner Nähe steht, wie ich ihn sagen höre: »Sieh mal einer an, wo kommst du denn her?« Mit diesen Worten packt er mich auch schon beim Kragen, deshalb lohnt es sich für mich auch gar nicht mehr, an Abhauen zu denken, obgleich ich bestimmt nichts lieber täte als das.

»Oh, hallo, Rosty«, sage ich sehr liebenswürdig. »Wie stehen denn die Aktien?«

»Ach, sagen wir mal mittelhochtief«, sagt Rosty.

»Mensch, wie schön, daß ich dich treffe, ich brauche nämlich gerade Begleitung. Ich bin drei Tage rüber geschäftlich in Philly.«

»Ich hoffe und ich bin überzeugt, du hast in Philly einen guten Schlag gemacht, Rosty«, antworte ich. Aber was er mir da erzählt, macht mich sehr nervös, denn ich bin ein eifriger Zeitungsleser, und ich kann mir ganz genau vorstellen, was Rosty in Philadelphia getrieben hat.

Gerade gestern erst lese ich nämlich eine kurze Notiz aus Philly in der Zeitung, daß sie Griesgram-Gustav, einen dortigen Großunternehmer in Spirituosen, genau vor seiner Haustür abmurksen.

Natürlich ist mir in keiner Weise bekannt, daß das etwa Charly ist, der Griesgram-Gustav abmurkst, aber Rostkopp-Charly ist gerade in Philly, als Gus abgemurkst wird, und ich kann mir daraus ebensogut wie jeder andere meinen Vers machen. Es ist dasselbe, als wie wenn in Cleveland ein Bankraub stattfindet, und Charly ist gerade in Cleveland oder dort in der Gegend. Deshalb bin ich sehr nervös, und ich denke mir, jetzt kann es gar nicht ausbleiben, daß mein Blutdruck jede Sekunde steigt.

»Wieviel Kies hast du bei dir?« fragt Rosty. »Ich bin nämlich restlos pleite.«

»Ich hab nur noch ein paar Dollar in der Tasche, Rosty«, sage ich. »Ich bleche heute gerade zehn Eier an einen Doktor für die Feststellung, daß mein Blutdruck gar nicht in Ordnung ist. Aber was ich habe, steht dir natürlich gern zur Verfügung.«

»Nee, wenn das alles ist, das ist für zwei hochgradige Kavaliere wie dich und mich ja ein Dreck«, antwortet Rosty. »Los, wir gehen zu Nathan Detroit und machen uns da nen Schlag am Spieltisch.«

Natürlich liegt mir absolut nichts daran, zu

Nathan Detroit spielen zu gehen, und wenn ich schon mal Lust habe, hinzugehen, dann bestimmt nicht zusammen mit Rostkopp, denn manchmal wird man doch danach beurteilt, mit was für Leuten man verkehrt, ganz besonders am Spieltisch, und Rostkopp-Charly gilt in dieser Beziehung womöglich nicht gerade als der beste Umgang. Und überhaupt, ich habe ja gar kein Geld, um damit zu spielen, und wenn ich doch Geld habe, um damit zu spielen, dann will ich gar nicht damit spielen, sondern ich will die paar Kröten viel lieber auf Sonnenbrand setzen oder sie unter Umständen mit nach Hause nehmen und zur Abdeckung meines Spesenkontos verwenden, wie zum Beispiel für die Miete meiner Bude.

Außerdem denke ich an das, was Doc Brennan mir sagt, von wegen ich soll alle Aufregung meiden, und ich kenne das ja, was womöglich bei Nathan Detroit am Spieltisch für Aufregung entstehen kann, wenn Rostkopp-Charly hingeht, und daß das alles meinen Blutdruck hochtreiben kann, und auf einmal kratze ich ganz unerwartet ab. Tatsächlich fühle ich auch schon, wie mein Blut in mir drin allerhand Sprünge macht, aber selbstverständlich denk ich gar nicht daran, Rostkopp-Charly zu widersprechen, also gehen wir zu Nathan Detroit spielen.

An diesem betreffenden Abend spielen sie über einer Garage in der Zweiundfünfzigsten

Straße, während sie manchmal auch im ersten Stock eines Restaurants in der Siebenundvierzigsten Straße oder im Hinterzimmer eines Zigarrenladens in der Vierundvierzigsten Straße zusammenkommen. Tatsächlich kann Nathan Detroits Glücksspiel überall und nirgends stattfinden, weil es jeden Abend woanders hinzieht, nachdem es nämlich sehr sinnlos ist, wenn ein Glücksspiel immer am selben Ort bleibt, bis die Blauen eines Tages dahinterkommen, wo es ist.

Also zieht Nathan mit seinem Glücksspiel von einer Bleibe zur andern, und wenn ein Mitbürger mit ihm ins Geschäft kommen will, so muß er sich jeden Abend erkundigen, wo er zu finden ist. Und natürlich weiß das fast jeder am Broadway, weil Nathan Detroit überall in der Gegend seine Leute rumlaufen hat, die der Kundschaft seine Adresse sagen und das Kennwort für den Abend ausgeben.

Petzer-Jack also sitzt in einem Automobil draußen vor der Garage in der Zweiundfünfzigsten Straße, als Rostkopp-Charly und ich hinkommen, und er flüstert kaum hörbar: »Kansas-City«, als wir vorbeigehn, das ist nämlich das Kennwort für diesen Abend. Aber wir brauchen überhaupt gar kein Kennwort zu sagen, wie wir die Treppe über der Garage raufsteigen, denn kaum hat der Stämmige John, der Portier, als wir anklopfen, durch sein Guckloch gelinst und Rostkopp-Charly neben mir erkannt, da reißt er auch schon die Türe auf und strahlt uns mit öligem Lächeln an. Niemand in dieser Stadt hält nämlich vor Rostkopp-Charly seine Türe sehr lange verschlossen.

Der Raum über der Garage ist furchtbar schmutzig und verqualmt, und gewürfelt wird auf einem alten Billardtisch, und um den Tisch rum stehn die Kerls so dicht zusammengequetscht, daß man noch nicht mal mit dem Holzhammer eine Stricknadel zwischen sie treiben könnte. Alle großen Kanonen der Stadt sind zugegen, denn um diese Zeit geht eine Menge Geld um, und viele von den Mitbürgern sind klotzig reich. Weiterhin, das möchte ich feststellen, sind auch noch einige ganz schwere Jungens mit am Tisch, einschließlich ein paar Kerls, die einem glatt eine Kugel durch den Kopf oder auch in den Bauch jagen, ohne sich das geringste dabei zu denken.

Nee, wirklich, als ich solche Figuren gewahr werde wie Harry das Roß aus Brooklyn und Langschläfer Sam Levinsky und Einspänner Loui aus Harlem, da weiß ich sofort, dies hier ist ein übler Ort für meinen Blutdruck, denn das sind bestimmt ganz schwere Jungens und als solche bei jedermann in der Stadt bekannt.

Aber da sitzen sie nun mal an den Tisch geklemmt, mit Griechen-Nicky, mit dem Langen Nig, dem Grauen John, mit Okay Okun und vielen anderen Kanonen, und alle haben sie hohe, knisternde Tausend-Dollar-Noten in der Hand, die sie hin- und herwerfen, wie wenn das wertlose Zettel wären.

Hinter diesen Brüdern am Tisch stehen eine Menge kleiner Spieler. Sie versuchen von Zeit zu Zeit, ihre Fäuste zwischen die großen Kanonen durchzustoßen, um einen Einsatz zu placieren, und da sind auch noch Kerls anwesend, die Shylocks genannt werden, weil sie einem mit Zaster aushelfen, wenn man am Tisch alle geworden ist, und zwar auf Uhren oder Ringe oder meinetwegen auch Manschettenknöpfe, und gegen verdammt hohe Zinsen.

Also, wie gesagt, am Spieltisch ist kaum noch Platz für einen einzigen, noch so dünnen Kerl, als wir in den Laden reinkommen, aber bei unserm Eintritt stößt Rostkopp-Charly ein lautes Hallo aus, und alle drehen sich um, und im nächsten Augenblick ist plötzlich genügend Zwischenraum am Tisch, nicht nur für Rostkopp-Charly, sondern für mich auch. Es grenzt schon an Zauberei, wie da auf einmal Raum für uns ist, wo eben zuvor kein Schwanz mehr Platz hat, wie wir reinkommen.

»Wer ist dran?« fragt Rostkopp-Charly und blickt sich überall um. »Du natürlich, du, Charly«, sagt der Lange Nig, der die Bank hält, augenblicklich und reicht Charly ein Paar Würfel, obgleich ich hinterher erfahre, daß sein Freund mitten beim Versuch ist, eine Neun zu würfeln, als wir an den Tisch treten. Alle sind sie mäuschenstill und gucken nur auf Charly. Mich beachtet keiner, weil mich alle kennen, daß ich immer nur so mit dabei bin, und niemand denkt, ich bin im geringsten bei Charly beteiligt, obgleich mir Harry das Roß einmal einen Blick zuwirft, der meinem Blutdruck bestimmt nicht gut bekommt und auch anderer Leute Blutdruck nicht gut bekommen würde, was das betrifft.

Also, Charly nimmt die Würfel und dreht sich zu einem kleinen Kerl mit einer Melone um, der in seiner Nähe steht und sich noch kleiner macht, damit Charly ihn nicht bemerken soll, und Charly nimmt dem kleinen Kerl die Melone vom Kopf, schüttelt die Würfel in seiner Hand und wirft sie in den Hut und macht »Ha!«, wie die Würfelspieler immer tun, wenn sie würfeln. Dann linst Charly in den Hut rein und sagt: »Zehn«, obgleich er aber keinen anderen in den Hut reingucken läßt, nicht mal mich, so daß niemand weiß, ob Charly nun tatsächlich eine Zehn wirft oder was sonst.

Aber natürlich wagt von den Brüdern keiner zu mucken und anzuzweifeln, daß Rostkopp-Charly eine Zehn wirft, weil Charly taxieren könnte, das ist dasselbe, als ob man ihn für einen Lügner hält, und Charly ist so ein Kerl, der es unter Umständen wenig schätzt, wenn man ihn einen Lügner nennt.

Nun ist Nathan Detroits Würfelspiel so ein Kopf-gegen-Kopf-Spiel, obgleich einige es auch

Akzept-Spiel nennen, weil jeder dabei gegen den anderen statt gegen die Bank oder das Haus wettet. Es ist genau das gleiche Spiel, wie wenn zwei Leute sich zusammentun und gegeneinander würfeln, und Nathan Detroit macht sich auch gar nicht erst die Mühe mit einem regulären Würfeltisch und der sonstigen Einrichtung, wie man sie in anderen Spielsälen hat. Tatsächlich braucht Nathan Detroit bei seinem Spielbetrieb nur ein Lokal zu finden, die Würfel zu stellen und seine Prozente einzustreichen, die durchaus nicht schlecht sind.

Bei einem Spiel wie diesem wird die Sache erst richtig lebhaft, wenn einer auf eine bestimmte Zahl ausgeht und die andern um ihn rum dann zu wetten anfangen, daß er die Zahl schafft oder daß er sie nicht schafft, und auf der ganzen Welt steht die Chance, daß einer mit einem Paar Würfel die Zehn nicht schafft, ohne vorher eine Sieben zu werfen, zwei zu eins.

Also, wie Charly nun sagt, er hat eine Zehn in der Melone geworfen, macht kein einziger die Klappe auf, und Charly guckt um den ganzen Tisch im Kreis rum, und plötzlich entdeckt er Juden-Loui an dem einen Ende, obgleich Juden-Loui sich scheints bemüht, schleunigst einzuschrumpfen, als Charlys Scheinwerfer auf ihn fallen.

»Ich setze fünf Hunderter«, sagt Charly, »und du, Loui, wirst mich annehmen.« Das heißt

soviel wie, er zwingt Loui, tausend gegen fünfhundert Dollar zu wetten, daß Charly seine
Zehn nicht schafft.

Nun ist Juden-Loui von jeher nur ein ganz
kleiner Pinscher und überhaupt mehr ein Shy-
lock als ein Spieler, und der einzige Grund, weshalb er in diesem Augenblick grade beim Tisch
steht, ist der, daß er rangekommen ist, um
Griechen-Nicky ein bißchen Kies zu pumpen,
und normalerweise ist die Chance, daß Juden-
Loui irgendworauf mal tausend gegen fünfhundert Dollar wettet, nicht größer, als daß er
seine Pinke an die Heilsarmee verschenkt, nämlich gleich Null. Es kommt überhaupt nicht in
Frage, daß er je im Leben dran dächte, tausend
gegen fünfhundert zu wetten, jemand könnte
keinen Zehner würfeln, und als Rostkopp-
Charly zu Loui sagt, jetzt ist er dran, da fängt
Loui am ganzen Leib an zu zittern.

Die andern am Spieltisch sagen kein Wort,
und so läßt Charly die Würfel noch mal in seiner
Pfote klappern, pustet drauf, wirft sie in den
Hut und sagt: »Ha!« Aber natürlich kann
niemand in den Hut reinsehn außer Charly, und
der schielt rein und sagt: »Fünf!« Er schüttelt die
Würfel noch mal, schmeißt sie in den Hut, macht
»Ha!« und sagt nach einem Blick auf die Würfel
im Hut: »Acht.« Ich fange an zu schwitzen vor
Angst, er könnte eine Sieben im Hut haben und
seine Wette verlieren, und ich weiß doch, daß

Charly gar keine fünfhundert hat, um zu bezahlen, obgleich ich natürlich auch weiß, daß
Charly überhaupt nicht dran denkt zu bezahlen,
ganz egal was er wirft.

Nach dem nächsten Wurf ruft Charly:
»Geld!« – nämlich, daß er seine Zehn schließlich
macht, wenn auch keiner das sieht außer ihm,
und er reicht mit der Hand zu Juden-Loui rüber,
und Juden-Loui händigt ihm eine dicke, fette
Tausendernote aus, ganz, ganz langsam. In meinem Leben sehe ich noch nie einen so traurigen
Kerl wie Loui, während er sich von seinem
Zaster trennt. Wenn Loui überhaupt dran denkt,
von Rostkopp-Charly zu fordern, daß er ihm
die Würfel im Hut doch mal zeigt, damit er sich
von den zehn Augen überzeugen kann, so
spricht er nicht von dieser Angelegenheit, und
da Charly selbst scheints nicht die Absicht hat,
seine Zehn rumzuzeigen, sagt auch sonst niemand was, weil sich wahrscheinlich alle denken,
daß Rostkopp-Charly nicht so einer ist, der sein
Wort anzweifeln läßt, am wenigsten wegen so
einer lumpigen Zehn.

»So«, sagt Charly und steckt Louis Tausender
in die Tasche, »ich glaube, das genügt mir für
heut abend«, und er gibt dem kleinen Kerl seine
Melone zurück und macht mir ein Zeichen, mit-
zukommen, was ich nur zu gerne tu, wo mir die
Stille im Lokal bereits merkwürdige Gefühle in
der Magengegend verursacht und ich genau

weiß, wie das meinem Blutdruck schadet. Niemand wagt auch nur einen Mucks von dem Moment an, wo wir reinkommen, bis wir wieder gehn, und man glaubt gar nicht, wie nervös einen das macht, wenn man mitten unter lauter Menschen steckt, die allesamt unheimlich stille sind, noch dazu, wenn man sich ausmalt, daß der Krawall in dem Laden jede Sekunde losgehn kann. Erst als wir schon vor der Türe stehn, sagt jemand was, und zwar ausgerechnet Juden-Loui, der sich mit sanfter Flötenstimme wie folgt zu Rostkopp-Charly vernehmen läßt:

»Charly«, sagt er, »ist das mit nem Pasch geworfen?«

Alles lacht, und wir gehn weiter nach draußen, aber ich selber höre nie, ob Charly seine Zehn mit einer Sechs und einer Vier oder mit zwei Fünfen macht, was beim Würfeln Pasch heißt und viel schwieriger ist, obgleich mir das hinterher noch oft zu denken gibt.

Jetzt hoffe ich, daß ich Rostkopp-Charly wieder loswerde und endlich nach Hause gehn kann, denn ich merke deutlich, er ist der allerletzte Kerl, den ich bei meinem Blutdruck um mich haben sollte, und abgesehen davon könnten die Leute einen falschen Eindruck von mir kriegen, wenn ich mich weiter mit ihm blicken lasse. Aber wie ich zu Charly davon anfange, daß ich nach Haus gehn möchte, scheint er fast gekränkt zu sein.

»Nanu!« sagt Charly, »du bist mir ja der Richtige, daß du davon redest, einen Freund sitzenzulassen, wo wir grade erst anfangen. Kommt gar nicht in Frage! Du bleibst schön bei mir, denn ich habe gern jemand um mich, und jetzt gehn wir zu Ikey dem Schwein und spielen Stuß. Ikey ist ein alter Freund von mir, und ich bin ihm schuldig, daß ich mich auch mal zum Spielen bei ihm sehn lasse.«

Ich bin natürlich gar nicht scharf drauf, zu Ikey dem Schwein mitzugehn, denn sein Lokal liegt ganz unten in der Stadt, und ich möchte gar nicht Stuß spielen, weil das ein Spiel ist, das ich nie ganz begreifen kann, und außerdem fällt mir ein, daß Doc Brennan ja gesagt hat, ich soll mir ab und zu auch mal ein bißchen Schlaf gönnen. Aber ich sehe ein, daß es keinen Sinn hat, Charly zu kränken, schon deshalb nicht, weil er gegen mich drastisch werden könnte, wenn ich nicht mitgehe.

Er hält also eine Taxe an, und wir fahren los zu Ikey dem Schwein, und der Bursche, der die Karre fährt, haut in einem solchen Tempo ab, daß mein Blutdruck einen guten halben Meter in die Höhe saust, wenn ich nach dem Gefühl in meinem Innern gehen kann, während Rostkopp-Charly das Tempo überhaupt nichts ausmacht. Schließlich stecke ich den Kopf zum Fenster raus und sage dem Kerl, er soll doch, bitte, ein bißchen ruhiger fahren, weil ich heil am Ziel ankommen möchte, aber er drückt nur einfach weiter auf die Tube.

Wir sind an der Ecke Neunzehnte Straße und Broadway, als Rostkopp-Charly dem Fahrer plötzlich zubrüllt, er soll einen Moment halten, was der Kerl auch tut. Dann steigt Charly aus und redet zu ihm wie folgt: »Wenn ein Fahrgast dich bittet, langsamer zu fahren, warum bist du dann nicht so nett und fährst langsamer? Da hast du deine Quittung!«

Damit holt Rostkopp-Charly aus und wichst dem Fahrer eine unters Kinn, daß der arme Kerl gleich vom Sitz weg auf die Straße fliegt, und dann klettert Charly selber nach vorn, und ab gehts mit Charly am Steuer, und den Kerl lassen wir steif wie ein Brett auf dem Pflaster liegen. Rostkopp-Charly ist früher selber mal Taxichauffeur, bis die Blauen dahinterkommen, daß er seine Fahrgäste nicht immer an der richtigen Adresse abliefert, besonders dann nicht, wenn er zufällig mal nen Betrunkenen aufgabelt, und er ist ein ganz guter Fahrer, aber er guckt immer nur in eine Richtung, nämlich stur gradeaus.

Ich persönlich lege absolut keinen gesteigerten Wert darauf, mit Charly in der Taxe zu fahren, besonders nicht, wenn er am Steuer sitzt, denn er fährt wahrhaftig verflucht schnell. Einen Block von Ikey dem Schwein entfernt hält er an und sagt, wir wollen die Karre da stehenlassen, bis sie jemand findet und abliefert, aber als wir grade weggehen wollen, kreuzt ein Blauer auf und behauptet, wir können die Karre hier nicht ohne Fahrer parken.

Nun liebt Rostkopp-Charly es natürlich schon gar nicht, wenn ihm die Blauen irgendwelche Ratschläge erteilen wollen, was tut er also, er guckt mal fix die Straße rauf und runter, ob auch niemand hinsieht, dann holt er aus und knallt dem Blauen eine vor den Latz, daß er in die Knie sackt. Ich möchte bemerken, daß ich noch nie einen saubereren Puncher gesehen habe als Rostkopp-Charly, denn er trifft die bewußte Stelle immer haargenau. Während der Blaue umkippt, packt Rostkopp-Charly mich beim Arm und rennt mit mir in eine Seitenstraße rein, und nachdem wir etwa einen Block weit gelaufen sind, verschwinden wir in Ikey dem Schwein seiner Kneipe.

Sie ist ein sogenanntes Stuß-Lokal, und viele angesehene Mitbürger aus der Nachbarschaft sitzen drin und spielen Stuß. Niemand scheint irgendwie besonders drüber erfreut, Rostkopp-Charly reinkommen zu sehn, obgleich Ikey das Schwein in einer Weise angibt, als ob er sich gar nicht fassen kann vor Begeisterung. Dieser Ikey ist ein untersetzter, specknackiger Kerl, der sich, nackt und mit einem Bratapfel in der Schnauze, hervorragend als Neujahrsbraten ausmachen würde, aber anscheinend sind er und Rostkopp-

Charly gute alte Freunde und halten gelegentlich ziemlich viel voneinander.

Allerdings bemerke ich, daß Ikey das Schwein durchaus nicht mehr so begeistert ist, als er entdeckt, daß Charly gekommen ist, um zu spielen, obgleich Charly sofort seinen Tausender schwenkt und erklärt, es kommt ihm gar nicht drauf an, mal ein bißchen Kies an Ikey zu verlieren, nur aus alter Freundschaft. Aber ich taxiere, Ikey das Schwein weiß genau, daß er Charlys Tausender nie in die Finger kriegen wird, denn Charly steckt die Note gleich wieder in die Tasche, und sie kommt danach auch nie wieder zum Vorschein, obwohl Charly vom ersten Moment an beim Stuß verliert. Schließlich, um fünf Uhr früh, ist Charly mit hundertdreißig Mille in der Kreide, eine ganze Menge Geld, selbst wenn einer sich auf seine Muskeln was zugute halten kann, und selbstverständlich weiß Ikey das Schwein genau, daß keine Aussicht besteht, auch nur hundertdreißigtausend Cent aus Rostkopp-Charly rauszuholen, geschweige denn so viele Dollar. Alle anderen sind inzwischen längst gegangen, und Ikey möchte die Bude dichtmachen. Er ist bereit, meinetwegen einen Schuldschein über eine Million von Charly anzunehmen, wenn er ihn nur endlich loswerden kann, aber der Haken bei der Sache ist, daß der Verlierer beim Stuß einen gewissen Prozentsatz von seinem Verlust zurückfordern kann, und Ikey taxiert, daß Charly seinen Prozentsatz natürlich ausgezahlt haben will, obgleich er selber nur einen Schuldschein gibt, und dieser Prozentsatz würde Ikeys Lokal glatt ruinieren.

Zudem sagt Rostkopp-Charly noch, er will unter solchen Umständen nicht der Verlierer bleiben, weil Ikey sein Freund ist, was geschieht also, Ikey läßt schließlich einen Falschspieler namens Dummkopf Goldberg dingfest machen, der sich besonders gut aufs Geben versteht, und im Handumdrehn hat dieser Rostkopp-Charly wieder glatt, indem er zu Charlys Gunsten mogelt.

Ich für meine Person kümmer mich nicht weiter um das Spiel, sondern mache auf einem Stuhl in der Ecke ein Nickerchen, und das bißchen Ruhe scheint meinem Blutdruck ganz beträchtlich gutzutun. Tatsächlich merk ich überhaupt nichts mehr von meinem Blutdruck, wie Charly und ich bei Ikey abhauen, weil ich mir einbilde, Charly wird mich jetzt nach Hause gehn lassen und ich kann endlich mal ins Bett. Aber obwohl es sechs Uhr ist und schon bald heller Tag, wie wir bei Ikey rauskommen, läuft Charly noch auf vollen Touren, und er ist nicht davon abzubringen, er muß noch weitergehn in ein Lokal, das sich der Boheme-Klub nennt.

Diese blöde Idee bringt meinen Blutdruck natürlich wieder schön in Gang; der Boheme-

Klub ist nämlich eine Spielhölle übelster Sorte, wo die Spielratten mit ihren Puppen hingehn, wenn in der ganzen Stadt aber auch gar keine andere Kaschemme mehr geöffnet hat, und sie wird betrieben von einem Individuum namens Messerstecher O'Halloran, der aus dem Greenwich-Village-Viertel stammt und als ganz übles Subjekt gilt. Die Spatzen pfeifens von den Dächern, daß man in Messerstecher O'Hallorans Lokal über Nacht um die Ecke wandern kann, wobei man noch nicht mal mehr zu tun braucht, als O'Hallorans Fusel zu trinken.

Aber Rostkopp-Charly besteht drauf, daß wir hingehn, also stiefle ich natürlich mit. Anfangs ist alles ganz ruhig und friedlich, abgesehen von einem sehr gemischten Verein von Leuten in Frack und Abendkleid, die nach einem Dauerbummel durch die Nachtlokale hier gelandet sind und in einer Ecke des Lokals einen fürchterlichen Krach schlagen. Charly und O'Halloran trinken beide einen Schluck aus einer Spezialpulle, die der Messerstecher in seiner Tasche trägt, damit er sie nicht mit dem Fusel verwechselt, den er an die Kundschaft verkauft, und sie wärmen grade alte Erinnerungen an die seligen Zeiten auf, wo sie noch gemeinsam die Hafengegend unsicher machen, als plötzlich vier Kriminale reinkommen.

Nun sind diese Kriminalen gar nicht im Dienst und haben gegen niemand böse Absich-

ten, sondern sie möchten sich vorm Nachhause-
gehn nur noch gern einen oder zwei Schnäpse
genehmigen, und wahrscheinlich denken sie gar
nicht dran, überhaupt von Rostkopp-Charly
Notiz zu nehmen, solange er sich ruhig verhält,
obgleich sie natürlich ganz genau wissen, wer er
ist, und es ihnen den größten Spaß machen
würde, ihn hoppzunehmen, wenn sie nur was
gegen ihn vorzubringen hätten, was aber leider
nicht der Fall ist. Sie tun also einfach so, als ob er
Luft für sie ist. Aber wenns irgend etwas gibt,
was Rostkopp-Charly aus tiefster Seele haßt,
dann sinds die Kriminalen, und er fixiert sie vom
ersten Moment an, wo sie sich hinsetzen, und es
dauert denn auch gar nicht lang, da hör ich ihn
wie folgt zu Messerstecher O'Halloran reden:

»Messer«, sagt Charly, »was ist der schönste
Anblick auf der Welt?«

»Weiß ich nicht, Charly«, sagt Messer. »Was
ist denn der schönste Anblick auf der Welt?«

»Vier tote Bullen in einer Reihe«, antwortet
Rostkopp-Charly.

Hiernach verdrücke ich mich für meine Person leise in Richtung Tür, denn ich habe nicht
den Wunsch, jemals mit Kriminalen aneinander-
zugeraten, am wenigsten gleich mit vier auf einmal, deshalb seh ich auch nicht alles das, was
jetzt passiert. Ich sehe nur noch, wie Rostkopp-
Charly den großen Fuß packt, mit dem einer der
Kriminalen nach ihm tritt, und dann scheint eine

wüste Keilerei loszugehen, und der Verein in Frack und Abendkleid fängt an zu kreischen, und mein Blutdruck steigt auf vielleicht eine Million.

Ich flitze vor die Tür, aber ich hau noch nicht gleich ganz ab, wie das jeder einigermaßen vernünftige Mensch tun würde, sondern bleibe stehn und horche, was da drinnen vorgeht, und das scheint nichts weiter zu sein als ein lautes Krach-Bum, Krach-Bum, Krach-Bum. Ich hab keine Angst, daß es zu einer Knallerei kommt, denn was Rostkopp-Charly betrifft, so ist der nicht so dämlich, auf Kriminalen zu schießen, was das Schlimmste ist, was einer in unserer Stadt tun kann, und auch die Kriminalen werden sich hüten loszuknallen, weil es für sie peinlich wäre, wenn rauskommt, daß sie sich außer Dienst in Kneipen wie dem Boheme-Klub rumtreiben. Ich taxiere also, daß alles nur auf eine gründliche Rauferei rauslaufen wird.

Endlich flaut der Lärm da drinnen ab, und allmählich geht die Tür auf, und rausspaziert kommt Rostkopp-Charly, der sich den Anzug ein bißchen abklopft und wirklich äußerst zufrieden dreinschaut, und ehe die Tür wieder zufliegt, erhasche ich noch einen Blick auf eine Menge Kerls, die nebeneinander ausgestreckt am Boden liegen. Außerdem höre ich noch das Gezeter von den anderen Kerls und ihren Puppen.

»Mein lieber Spitz!« sagt Rostkopp-Charly

zu mir »ich habe dich schon im Verdacht, du bist mir ausgekratzt, und bin drauf und dran einzuschnappen, aber da bist du ja noch. Komm, wir hauen ab, denn die machen ja solchen Krach da drin, daß man sein eigenes Wort nicht hören kann. Gehn wir lieber zu mir und lassen uns von meiner Alten ein anständiges Frühstück machen, und dann können wir uns ein bißchen hinhauen. Ein paar Spiegeleier mit Schinken wären jetzt gar nicht so übel.«

Natürlich, Spiegeleier mit Schinken klingen mir augenblicklich auch sehr verlockend, aber ich bin gar nicht scharf drauf, zu Rostkopp-Charly mit nach Haus zu gehn. Was mich persönlich betrifft, so hab ich auf lange, lange Zeit genug von Rostkopp-Charly, und es liegt mir nicht im allergeringsten dran, in sein Familienleben einzudringen, wenn ich auch offen gestanden etwas überrascht bin zu erfahren, daß es überhaupt so was bei ihm gibt. Ich glaube, ich hab mal gehört, daß Rostkopp-Charly eine Puppe aus seiner Nachbarschaft heiratet und daß er irgendwo weiter oben an der Zehnten Avenue wohnt, aber darüber weiß niemand so genau Bescheid, und alle meinen, wenn das stimmt, muß seine arme Frau ein wahres Hundeleben führen.

Aber wenn ich auch gar keine Lust habe, mitzugehn, so kann ich doch auch eine höfliche Einladung zu Spiegeleiern mit Schinken nicht gut ausschlagen, zumal Charly mich höchst verwundert anguckt, weil ich nicht grade sehr begeistert zu sein scheine, woraus ich schließe, daß er durchaus nicht jeden mit zu sich nach Hause nimmt. Drum bedanke ich mich bei ihm und sage, ich kann mir nichts Schöneres vorstellen als Spiegeleier mit Schinken, die seine Alte für uns zubereiten wird, und damit befinden wir uns allmählich in der Zehnten Avenue in der Nähe der Fünfundvierzigsten Straße.

Es ist noch recht früh am Morgen, die Geschäftsleute öffnen grade ihre Läden, kleine Kinder springen auf dem Trottoir entlang zur Schule und kichern hi-hi, und aus den Fenstern der Mietskasernen schütteln alte Puppen Bettzeug und allen möglichen anderen Kram aus, aber sobald sie Rostkopp-Charly und mich entdecken, werden alle auf einmal mucksmäuschenstill, und ich kann sehn, daß Charly in seiner Nachbarschaft kolossal respektiert wird. Die Geschäftsleute rennen in ihre Läden zurück, die Kinder hören auf zu hüpfen und zu kichern und gehen auf Zehenspitzen weiter, und die alten Puppen ziehn schnell die Hälse ein, und eine große Stille breitet sich über der Straße aus. Das einzige, was man noch hört, ist tatsächlich nur das Klappern unserer Hacken auf dem Bürgersteig.

Ein Eiswagen mit zwei Pferden bespannt steht vor einem der Läden, und als Rostkopp-Charly die Pferde sieht, scheint ihm ein großartiger Einfall zu kommen. Er bleibt stehn und mustert die Pferde sehr eingehend, obgleich es, soweit ich das beurteilen kann, ganz gewöhnliche Gäule sind, große, dicke, schläfrig dreinschauende Gäule, was das betrifft. Endlich spricht Rostkopp-Charly zu mir wie folgt:

»Als ich jung bin«, sagt er, »hab ich eine tolle Rechte, und ich hab oft einen Gaul mit einem einzigen Schlag gegen den Schädel ausgeknockt. Ich möchte doch mal sehn, ob ich meine Schlagkraft verloren habe«, sagt er, »der letzte Kriminale, den ich vorhin k. o. schlage, kommt vorher noch zweimal wieder hoch.«

Damit stellt er sich vor einen der Eiswagengäule hin, holt kurz aus und setzt ihm eine trockene Rechte aus nicht mehr als zehn Zentimeter Distanz genau zwischen die Augen, und prompt sackt er in die Knie, der alte Mister Gaul, mit einem höchst erstaunten Blick in den Augen. Ich seh in meinem Leben manchen harten Schläger, einschließlich Dempsey, als er noch schlagen kann, aber ich erlebe noch nie einen härteren Punch als den, den Charly diesem Gaul versetzt.

Im nächsten Moment kommt der Eiswagenkutscher aus dem Laden rausgeschossen, in heller Aufregung über das, was mit seinem Pferd passiert, aber kaum gewahrt er Rostkopp-Charly, als er sich ebenso schnell wieder abregt und im Laden verschwindet, und seinen Gaul

läßt er ruhig am Boden auszählen, und Rostkopp-Charly und ich gehen weiter. Endlich
kommen wir zum Eingang einer Mietskaserne,
und Rostkopp-Charly sagt, daß er hier wohnt.
Vor dem Haus steht ein Makkaroni mit einem
Karren, der mit Obst und Gemüse und ähnlichem Zeugs beladen ist und den Rostkopp so
eben mal im Vorübergehen umkippt, worauf der
Makkaroni mächtig zu zetern anfängt und auf
Italiano mächtig flucht oder was weiß ich.
Jedenfalls bin ich für meine Person heilfroh, daß
wir endlich irgendwo landen, denn ich kann
deutlich fühlen, wie mein Blutdruck jede
Minute, die ich mit Rostkopp-Charly zusammen
bin, schlimmer wird.

Wir klettern zwei Treppen rauf, und dann
öffnet Charly eine Tür, und wir treten in ein
Zimmer, in dem eine niedliche, im übrigen un-
scheinbare kleine Puppe mit roten Haaren steht,
die aussieht, als ob sie grade eben erst aus den
Federn kriecht, denn das rote Haar fliegt ihr
nach allen Himmelsrichtungen um den Kopf,
und ihre Augen scheinen vom Schlaf noch ganz
verklebt. Auf den ersten Blick scheint sie mir
eine recht süße Augenweide zu sein, aber dann
entdeck ich was in ihrem Blick, das mir verrät,
diese Puppe, wer sie immer sein mag, ist gegen
jedermann sehr feindlich eingestellt.

»Hallo, Schnucki«, sagt Rostkopp-Charly.
»Wie wärs mit ein paar Spiegeleiern mit Schinken

für mich und meinen Kollegen hier? Wir sind völlig erschossen von der vielen Rumlauferei.«

Die kleine rothaarige Puppe guckt ihn nur an, ohne ein Wort zu sagen. Sie steht mitten im Zimmer, die eine Hand auf dem Rücken, und plötzlich bringt sie die Hand zum Vorschein, und was hat sie drin? Einen Baseballschläger, so einen, womit die Kinder Ball spielen, der höchstens einen halben Dollar kostet. Eh ich mich verseh, höre ich was bumsen, und sie wichst Rostkopp-Charly doch tatsächlich mit dem Schläger einen über die Birne.

Ich bin natürlich ganz sprachlos vor Entsetzen und taxiere, daß Rostkopp-Charly sie auf der Stelle umbringen wird, und dann sitze ich als Augenzeuge eines Mordes hübsch in der Tinte und werde gleich für ein paar Jahre eingebuchtet, wie es bei uns hier allen Zeugen immer ergeht, wenn sie irgendwas mit ansehn. Aber Charly fällt nur in einen großen Schaukelstuhl in einer Zimmerecke und sitzt da, hält sich mit der einen Hand die Birne und sagt: »Nun mal langsam, Schnucki, warte doch mal nen Augenblick, Süße!« Und dann weiß ich noch, daß er sagt: »Wir haben doch Besuch zum Frühstück«, und daraufhin dreht sich die kleine rothaarige Puppe zu mir und wirft mir einen Blick zu, den ich nie vergessen werde, obgleich ich sie sehr freundlich anlächle und bemerke, was heut doch für ein schöner Morgen ist.

Schließlich redet sie zu mir wie folgt:

»Also Sie sind der Strolch, der meinen Mann die ganze Nacht zum Bummeln verführt, wie? Sie Strolch, Sie!« Und damit geht sie auf mich los, und ich renne zur Tür, und inzwischen ist mein Blutdruck völlig außer Rand und Band, denn ich merke, daß Mrs. Rostkopp-Charly allerhand aufgeregt ist. Ich hab schon die Hand auf der Klinke, da knallt was gegen meine Birne, was, wie ich mir hinterher überlege, der Baseballschläger gewesen sein muß, obgleich ich zuerst den Verdacht habe, das ganze Dach kracht über mir zusammen.

Wie ich die Tür aufkriege, weiß ich nicht, denn mir ist ganz schwindelig im Kopf und mir schlottern die Knie, aber wenn ich mir die Situation nachträglich überlege, erinnere ich mich, daß ich Hals über Kopf eine Unmenge Treppenstufen runtersause, und endlich spür ich wieder frische Luft im Gesicht und glaube, ich bin gerettet. Aber plötzlich habe ich ein neues komisches Gefühl am Hinterkopf, und irgendwas bumst gegen meine Birne, und zuerst taxiere ich, mein Blutdruck steigt vielleicht so hoch, daß er mir schon oben zum Schädel rausspritzt. Dann linse ich mal eben ganz schnell über meine Schulter und seh Mrs. Rostkopp-Charly neben dem Stand von dem Makkaroni stehn und Obst und Gemüse aller möglichen Sorten vom Karren nehmen und hinter mir herschleudern.

Womit sie mich aber am Hinterkopf trifft, das ist kein Apfel, auch kein Pfirsich oder eine rote Rübe oder ein Kohlkopf, ja nicht mal ne Wassermelone, sondern ein halber Ziegelstein, den der Makkaroni auf seinem Karren hat, um damit die Tüten zu beschweren, in die er seine Ware einpackt. Dieser Ziegelstein ist es, der an meinem Hinterkopf eine so große Beule verursacht, daß Doc Brennan denkt, es ist ein Tumor, als ich tags darauf wegen meinem Magen zu ihm geh, und ich lasse ihn auch lieber in dem Glauben.

»Aber«, sagt Doc Brennan, nachdem er noch mal meinen Blutdruck mißt, »Ihr Blutdruck ist jetzt sogar unter normal, und was den betrifft, so haben Sie überhaupt nichts mehr zu fürchten. Das beweist doch mal wieder, wie schon ein ganz klein bißchen Ruhe einen Menschen wieder hochbringen kann«, sagt Doc Brennan. »Macht zehn Dollar«, sagt er.

Broadway-Romanze

Nur ein hoffnungsloser Idiot wird auf die Idee kommen, zwei Blicke auf Stutzer-Davids Puppe zu riskieren, denn während David das erste Mal vielleicht noch durchgehen läßt, weil er taxiert, es kann ein Versehen sein, muß man todsicher damit rechnen, daß er beim zweiten Blick in die Luft gehen wird, und Stutzer-David ist bestimmt nicht einer, den man gegen sich aufbringen sollte.

Aber dieser Waldo Winchester ist tatsächlich ein hundertprozentiger Idiot, und nur aus diesem Grund wirft er eine ganze Menge Blicke auf Stutzer-Davids Puppe. Und was noch viel schlimmer ist, sie wirft ihm eine ganze Menge Blicke zurück. Und da haben wir die Bescherung! Wenn ein Kerl und eine Puppe erst mal so weit sind, daß sie sich schon gegenseitig Blicke zuwerfen – mein lieber Mann, dann ist das Unglück natürlich nicht mehr aufzuhalten.

Dieser Waldo Winchester ist ein hübscher junger Kerl, der Schmonzetten über das Leben am Broadway für die Morgen-Nachrichten schreibt. Er berichtet über das Treiben in Nachtlokalen, wie zum Beispiel über Keilereien und allen möglichen sonstigen Klatsch, außerdem wer mit wem zu Gange ist, einschließlich Kerls und Puppen.

Manchmal ist das sehr peinlich für Leute, die vielleicht verheiratet sind und die mit Personen rumflanieren, die nicht verheiratet sind, aber von Waldo Winchester kann man natürlich nicht verlangen, daß er alle Leute immer erst nach ihrem Trauschein fragt, ehe er seine Schmonzetten für die Zeitung schreibt.

Wenn Waldo Winchester wüßte, daß Miss Billy Perry Stutzer-Davids Puppe ist, dann ließe er es höchstwahrscheinlich beim ersten Blick bewenden, aber niemand gibt ihm den nötigen Tip, ehe er den zweiten und dritten Blick auf sie wirft, und inzwischen hat Miss Billy Perry seine Blicke längst erwidert, und Waldo Winchester zappelt bereits an ihrer Angel.

Tatsache, er ist restlos verschossen, und weil er, wie ich bereits erwähne, so ein Idiot ist, kümmert er sich auch nicht drum, zu wem die Puppe gehört. Ich persönlich kann ihm daraus keinen besonderen Vorwurf machen, denn Miss Billy Perry ist schon ein paar Blicke wert, besonders wenn sie in Miss Missouri Martins Klub der Dreihundert auftritt und ihren Steptanz hinlegt. Trotzdem glaube ich, nicht die beste Steptänzerin der Welt könnte mich je veranlassen, ihr zwei Blicke zuzuwerfen, wenn ich weiß, sie ist Stutzer-Davids Puppe, denn irgendwie hält David mächtig viel auf seine Puppen.

Er hält besonders viel auf Miss Billy Perry, und er schickt ihr Pelzmäntel und Brillantringe und sonst noch alles mögliche, was sie ihm aber sofort wieder zurückschickt, denn sie nimmt von Kerls scheints keine Geschenke an. Hierüber ist man mächtig überrascht am ganzen Broadway, aber die Leute taxieren, wahrscheinlich ist ein anderer Gesichtspunkt dabei mit im Spiel.

Auf jeden Fall hält das Stutzer-David nicht davon ab, sie trotzdem zu verehren, und deshalb wird sie von aller Welt als seine Puppe betrachtet und entsprechend respektiert, bis dieser Waldo Winchester auf der Bildfläche erscheint.

Zufällig erscheint er in dem Moment auf der Bildfläche, als Stutzer-David sich grade auf einer kleinen Geschäftsreise zu den Bahama-Inseln befindet, um ein bißchen Ware, wie zum Beispiel Scotch Whisky und Champagner, zu besorgen, und bis David wieder zurückkommt, sind Miss Billy Perry und Waldo Winchester bereits in dem Stadium angelangt, wo sie sich zwischen ihren Auftritten in den Ecken rumdrücken und sich selig die Hände halten.

Natürlich erzählt niemand Stutzer-David ein Wort davon, weil keiner ihn aufregen möchte. Nicht mal Miss Missouri Martin sagt einen Ton, und das ist äußerst ungewöhnlich, denn Miss Missouri Martin, die manchmal mit Spitznamen auch »Missou« genannt wird, erzählt sonst alles, was sie weiß, sobald sie es weiß, was oft schon der Fall ist, bevor es noch geschieht.

Die Sache ist nämlich die, wenn Stutzer-David sich aufregt, dann kann es leicht passieren, daß er mir nichts dir nichts mit seinem Schießeisen jemand sein Gehirn verspritzt, und höchstwahrscheinlich ist es in diesem Fall Waldo Winchester sein Gehirn, obgleich einige behaupten, Waldo Winchester hat gar kein Gehirn, sonst würde er nicht dauernd an Stutzer-Davids Puppe rumkleben.

Ich weiß, David hegt sehr, sehr zärtliche Gefühle für Miss Billy Perry, weil ich ihn öfters mit ihr reden höre, und er ist immer sehr höflich gegen sie und fällt in ihrer Gesellschaft nie aus der Rolle, mit Kraftausdrücken und so. Mehr noch, als Einauge Solly Abraham eines Nachts ein bißchen angesäuselt ist, braucht er für Miss Billy Perry mal das Wort Nutte, wobei er sich gar nichts weiter denkt, denn in dem Ton reden ja viele Kerls über die Puppen. Sofort langt Stutzer-David über den Tisch rüber und knallt Solly Abraham direkt eine in die Schnauze, so daß von da ab jeder weiß, David hält große Stücke auf Miss Billy Perry. Gewiß, was das betrifft, hat David immer irgendeine Puppe, auf die er ziemlich große Stücke hält, aber es geht bei ihm selten so weit, daß er einem Kerl ihretwegen gleich eine in die Schnauze knallt.

Kurz und gut, was passiert eines Nachts?

Stutzer-David kommt in den Klub der Dreihundert, und gleich am Eingang, was sieht er da? Waldo Winchester und Miss Billy Perry knutschen sich gerade ausgiebig und höchst verliebt gegenseitig ab. Sofort greift David nach dem guten alten Schießeisen, um Waldo Winchester über den Haufen zu knallen, aber David hat das gute alte Schießeisen scheints grade nicht bei sich, weil er an diesem speziellen Abend nicht damit rechnet, daß er irgend jemand über den Haufen knallen muß.

Daher geht Stutzer-David einfach auf die beiden zu, und als Waldo Winchester ihn kommen hört und Miss Billy Perry aus seiner Umschlingung freiläßt, pflastert ihm David eine gewaltige Rechte unters Kinn. Ich muß Stutzer-David lassen, er hat allerhand Musik in seiner Rechten, obgleich seine Linke nicht ganz so gut ist, jedenfalls macht er Waldo Winchester so fertig, daß er sofort am Boden zusammenklappt.

Miss Billy Perry kreischt los, daß man sie glatt bis zum andern Ende von Manhattan hören kann, und rennt rüber, wo Waldo Winchester landet, und wirft sich laut schreiend über ihn. Das einzige, was man von ihren Worten verstehen kann, ist, daß Stutzer-David ein ganz großer Prolet ist, obgleich David gar nicht mal so groß ist, was das betrifft, und daß sie Waldo Winchester liebt.

David kommt nach und will Waldo Winchester

grade noch einen Tritt versetzen, wie das in solchen Fällen als üblich gilt, aber er scheint sichs anders zu überlegen, und statt mit Waldo Fußball zu spielen, dreht David sich rum und verläßt das Lokal, ganz finster und wütend, und das nächste, was man von ihm hört, ist, daß er drüben im Chicken-Klub sitzt und sich mächtig einen einschwenkt.

Das wird allerdings für ein böses Zeichen angesehn, denn wenn auch jeder ab und zu mal in den Chicken-Klub geht, um mit Tony Bertazzola, dem der Laden gehört, ein bißchen zu quatschen, so legen zünftige Leute sehr wenig Wert darauf, dort auch was zu trinken, denn Tonys Schnaps ist kaum für jemand anderen geeignet als für seine regulären Gäste.

Also, Miss Perry kriegt Waldo Winchester wieder auf die Stelzen und wischt ihm mit ihrem Taschentuch das Kinn ab, und nach und nach ist er wieder ganz okay, außer einer dicken Beule am Kinn. Und die ganze Zeit über versichert sie Waldo, was für ein großer Prolet Stutzer-David ist, obgleich allerdings Miss Missouri Martin sich Miss Billy Perry hinterher vorknöpft und ihr gehörig den Marsch bläst, daß sie einen Kerl wie Stutzer-David, der das Geld mit vollen Händen rauswirft, aus ihrem Lokal vergrault.

»Du dumme Gans«, sagt Miss Missouri Martin zu Miss Billy Perry, »von diesem Zeitungsfritzen kannst du doch überhaupt nichts erben, während jeder weiß, daß Stutzer-David mit Geld nur so um sich schmeißt.«

»Aber ich liebe doch Mr. Winchester«, sagt Miss Billy Perry. »Er ist so romantisch. Er ist kein Schnapsschmuggler und kein Bandit wie Stutzer-David. Er schreibt so entzückende Sachen über mich in der Zeitung, und er ist immer Kavalier.«

Natürlich ist Miss Missouri Martin nicht im mindesten berufen, über Kavaliere mitzureden, denn im Klub der Dreihundert kommt sie kaum mit welchen zusammen, und überhaupt will sie Waldo Winchester ja auch nicht verärgern, weil er fähig ist, den Spieß rumzudrehn und Sachen in seiner Zeitung zu schreiben, die ein schwerer Schlag wären für ihr Lokal, und deshalb läßt sie das Thema lieber fallen.

Miss Billy Perry und Waldo Winchester halten sich weiter selig die Hände zwischen ihren Auftritten und küssen sich wohl auch ab und zu, wie das bei jungen Leuten ja vorkommen soll, und Stutzer-David zeigt dem Klub der Dreihundert die kalte Schulter, und alles scheint in Butter. Natürlich sind wir alle froh, daß über die ganze Geschichte Gras gewachsen ist, denn in einem Krach mit einem Zeitungsfritzen kann auch David auf die Dauer nur schlecht abschneiden.

Ich persönlich taxiere, Stutzer-David wird sich bald ne andre Puppe suchen und Miss Billy Perry völlig vergessen, denn wo ich sie mir jetzt genauer ansehe, kommt es mir so vor, als ob sie genau so ne Steptänzerin ist wie alle anderen auch, nur daß sie rote Haare hat. Steptänzerinnen haben nämlich meistens schwarze Haare, warum, weiß ich allerdings nicht.

Musch, der Portier vom Klub der Dreihundert, erzählt mir aber, daß Miss Missouri Martin hintenrum bei Miss Billy Perry für Stutzer-David in aller Ruhe weiter bohrt, denn, so sagt er, er hört, wie Miss Missouri Martin ihr neulich zuzischt: »Na, ich kann an deinem Finger immer noch nichts glitzern sehn«, denn Miss Missouri Martin ist ein alter Praktikus auf dem Gebiet, und für sie ist es selbstverständlich, daß ein Kerl seine Liebe zu einer Puppe mit Diamanten zu beweisen hat. Miss Missouri Martin besitzt selber einen Haufen Diamanten. Wie sich ein Kerl allerdings so für Miss Missouri Martin erwärmen kann, daß er ihr Diamanten schenkt, das geht über meinen Horizont.

Ich bin keiner von denen, die sich viel rumtreiben, deshalb kriege ich Stutzer-David ein paar Wochen lang nicht zu sehn, aber an einem späten Sonntagnachmittag kommt Jonny McGowan, einer von Davids Leuten, zu mir und spricht zu mir wie folgt:

»Mensch«, sagt er, »eben hat David sich den Zeitungsfritzen geschnappt und fährt ihn jetzt an der frischen Luft spazieren!«

Jonny ist derartig aufgeregt, daß es eine ganze

Zeit dauert, bis ich ihn so weit beruhige, daß er mir das näher erklären kann. Stutzer-David hat scheints seinen größten Wagen aus der Garage kommen lassen und schickt seinen Fahrer, Spaghetti-Joe, damit zur Redaktion von der Zeitung, wo Waldo Winchester arbeitet, und läßt ihm bestellen, Miss Billy Perry wünscht Waldo sofort in Miss Missouri Martins Wohnung in der Neunundfünfzigsten Straße zu sprechen.

Natürlich ist diese Botschaft von vorn bis hinten erstunken und erlogen, aber Waldo geht auf den Leim und steigt in den Wagen. Daraufhin fährt ihn Spaghetti-Joe vor Miss Missouri Martins Wohnung, und wer steigt dort zu ihm ein? Stutzer-David persönlich. Und dann hauen sie ab.

Das ist nun allerdings wirklich eine sehr üble Nachricht, denn wenn Stutzer-David einen Kerl an der frischen Luft spazierenfährt, kommt der Betreffende sehr häufig nicht wieder zurück. Was mit ihm geschieht, danach frage ich nicht, denn das mindeste, was einem passiert, wenn man in New York neugierige Fragen stellt, ist, daß man eine in die Schnauze kriegt.

Aber ich mache mir große Sorgen wegen dieser Angelegenheit, weil ich Stutzer-David gut leiden mag und weiß, daß es Staub aufwirbelt, wenn man einen Zeitungsfritzen wie Waldo Winchester an der frischen Luft spazierenfährt, und besonders, wenn er dann nicht wiederkommt. Die andern Kerls, die Stutzer-David an der frischen Luft spazierenfährt, sind nicht besonders wichtig, aber hier handelt sichs um einen Kerl, der unter Umständen schweren Ärger verursachen kann, auch wenn er zehnmal ein Idiot ist, weil er nämlich bei der Zeitung ist.

Ich hab von Zeitungsfritzen genug Ahnung, um zu wissen, daß nach einiger Zeit der Chefredakteur oder sonst jemand ankommt und wissen will, wo Waldo Winchesters Broadway-Schmonzetten bleiben, und wenn dann keine Schmonzetten von Waldo Winchester da sind, wird der Chefredakteur wissen wollen, warum. Schließlich kommt es noch soweit, daß sich noch mehr Leute dafür interessieren, und nach einer Weile kommen sie alle an und fragen: »Wo ist denn Waldo Winchester?« Und wenn erst mal genug Leute in New York angelaufen kommen und fragen, ja, wo ist denn der Soundso, dann wird eine ganz rätselhafte Affäre draus, und die Zeitungen hacken auf der Polizei rum, und die Polizei hackt auf allen anderen rum, und allmählich wird das Pflaster so heiß in der Stadt, daß man sich hier nicht mehr aufhalten kann.

Aber was man bei dieser Geschichte eigentlich tun kann, weiß ich selber nicht. Mir persönlich kommt sie wirklich sehr faul vor, und wie Jonny weggeht, um mal eben zu telefonieren, denke ich über einen Ort nach, wo ich hingehen könnte, damit die Leute mich dort sehen und sich dann später erinnern, daß ich dort bin, im Fall es notwendig wird, daß sie sich dran erinnern.

Endlich kommt Jonny ganz aufgeregt wieder und sagt: »Mensch, Stutzer-David sitzt im Goldenen Auerhahn draußen am Pelham Parkway und läßt überall bekanntmachen, alles soll sofort hinkommen. Amüsier-Charly Bernstein kriegt grade das Telegramm und erzählt mir das. Da ist irgendwas im Gang. Die anderen sind alle schon unterwegs, also los, hauen wir ab!«

Aber diese Einladung hier will mir ganz und gar nicht gefallen. Wie ich die Sache ansehe, ist Stutzer-David in diesem Augenblick durchaus nicht die richtige Gesellschaft für einen Kerl wie mich. Es ist damit zu rechnen, daß er entweder schon was mit Waldo Winchester anstellt oder Vorbereitungen trifft, was anzustellen, und damit will ich nichts zu tun haben.

Ich persönlich habe gar nichts gegen Zeitungsfritzen, nicht mal gegen die, die über den Broadway schreiben. Wenn Stutzer-David mit Waldo Winchester was vorhat, in Ordnung. Aber was hat es dann für einen Sinn, andere Leute mit reinzuzerren? Ehe ich mich jedoch dessen versehe, sitz ich schon in Jonny McGowans Sportwagen, und er braust in einem Höllentempo ab, ohne sich weiter um Verkehrsampeln oder derartige Kleinigkeiten zu kümmern.

Während wir draußen über die Autobahn rasen, überlege ich mir die Lage noch mal, und ich taxiere, Stutzer-David wird wahrscheinlich den Gedanken an Miss Billy Perry nicht loswerden können, und jetzt säuft er so lange von dem Fusel, den man im Chicken-Klub ausschenkt, bis er völlig aus den Fugen gerät. Denn meiner Ansicht nach kann nur ein Kerl, der völlig übergeschnappt ist, auf die Idee kommen, einen Zeitungsfritzen wegen einer Puppe an der frischen Luft spazierenzufahren, wo Puppen in New York das Dutzend für zehn Cent zu haben sind.

Ich erinnere mich allerdings, von den verschiedensten Kerls in der Zeitung zu lesen, die so lange für ganz vernünftig gelten, bis sie eines Tages mit einer Puppe anbandeln, die sie vielleicht sogar lieben, und eh man sichs versieht, springen sie aus dem Fenster oder jagen sich ne Kugel vor den Kopf oder auch jemand anderem, und ich kann mir schon vorstellen, daß möglicherweise selbst ein Kerl wie Stutzer-David wegen einer Puppe den Verstand verliert.

Ich merke, daß auch Jonny McGowan sich Sorgen macht, aber er sagt nicht viel, und in null Komma nichts halten wir vor dem Goldenen Auerhahn, wo schon eine Menge Wagen stehn, die vor uns gekommen sind, und einige erkenne ich wieder und weiß, wem sie gehören.

Der Goldene Auerhahn ist ein sogenanntes

Ausflugslokal und wird von dem langen Nig Skolsky geführt, der wirklich ein sehr netter Kerl ist und den alle Welt gerne mag. Das Lokal steht ein Stückchen abseits vom Pelham Parkway und ist ein sehr gemütlicher Ausschank, weil Nig nämlich eine gute Kapelle hat und ein Kabarett mit einer Menge appetitlicher Puppen unterhält, mit allem sonstigen Drum und Dran, was man braucht, um sich gut zu amüsieren. Es ist auch immer gut besucht und von einem netten Publikum, obgleich Nigs Alkohol nicht grade besonders ist.

Ich persönlich komme nicht oft hin, weil diese Ausflugslokale nicht mein Fall sind, aber es ist genau der richtige Laden für Stutzer-David, wenn er mal ne Party schmeißen will oder auch wenn er mal ganz für sich allein einen heben möchte.

Als wir vorfahren, herrscht schon ein Riesentrubel in der Bude, und Stutzer-David kommt sogar höchstpersönlich raus, um uns laut und herzlich zu begrüßen. Sein Gesicht ist puterrot, und er scheint bereits einen Gewaltigen sitzen zu haben, aber er macht überhaupt nicht den Eindruck, als ob er gegen irgend jemand irgendwelche bösen Absichten hat, am wenigsten gegen einen Zeitungsfritzen.

»Rein mit euch, ihr Kerls!« ruft Stutzer-David. »Immer reinspaziert!« Wir gehen also rein, und das Lokal ist voller Typen, die an den

Tischen rumsitzen oder auf dem Flur tanzen, und ich entdecke auch Miss Missouri Martin, überall mit Diamanten behängt, und Amüsier-Charly Bernstein und Latschen-Samuel und Tony Bertazzola und Moskito-Bolivar und Griechen-Nicky und Rostkopp-Rochester und eine Menge anderer Kerls und Puppen aus unserer Gegend.

Es sieht wahrhaftig so aus, als ob alles, was Beine hat, aus sämtlichen Broadway-Lokalen vertreten ist, einschließlich Miss Billy Perry, ganz in Weiß, die einen Riesenstrauß Orchideen und sonstiger Blumen im Arm rumschleppt und kichert und lächelt und Hände schüttelt und überhaupt mächtig in Fahrt ist. Schließlich seh ich auch Waldo Winchester, den Zeitungsfritzen, ganz allein an einem Tisch vorn an der Tanzfläche sitzen, aber soviel ich entdecken kann, ist er ganz in Ordnung. Ich will damit sagen, bis jetzt scheint er noch alle Knochen beisammen zu haben.

»David«, sage ich ganz ruhig zu Stutzer-David, »was wird hier gespielt? Du weißt doch, hier in New York kann man nicht vorsichtig genug sein, und ich sehe nicht gern, wenn du dich grade jetzt in irgendwelche dummen Geschichten verwickelst.«

»Wie kommst du nur darauf?« antwortet David. »Wovon redest du überhaupt? Gar nichts wird hier gespielt, wir feiern Hochzeit, und es wird die tollste Hochzeit, die je ein Mensch am Broadway erlebt. Wir warten nur noch auf den Pfarrer.«

»Was sagst du da, hier will jemand heiraten?« frage ich, denn jetzt bin ich auch etwas durcheinander.

»Klar doch«, sagt Stutzer-David. »Was denkst du denn? Wofür sind Hochzeiten denn da?«

»Wer soll hier denn heiraten?« frage ich.

»Na, wer wohl! Natürlich Billy und der Zeitungsfritze!« sagt David. »Das ist die größte Tat, die ich je im Leben vollbringe. Neulich nacht treff ich Billy zufällig, und sie heult sich die Augen aus, weil sie diesen Zeitungsschmierer liebt und heiraten möchte, aber scheints hat dieser Federfuchser kein Geld. Darauf sag ich zu Billy, sie soll das nur mir überlassen, denn ich liebe sie ja selber so sehr, daß ich möchte, sie soll wirklich glücklich werden, selbst wenn sie dazu erst heiraten muß. Deshalb lasse ich diese Hochzeitsfete hier steigen, und sobald sie getraut sind, spendiere ich ihnen ein paar Mille, damit sie erst mal richtig in Gang kommen«, sagt David. »Aber davon sage ich dem Zeitungsfritzen nichts, und ich laß auch Billy ihm nichts verraten, denn ich möchte, es soll eine große Überraschung für ihn sein. Ich entführe ihn heute nachmittag und bringe ihn hier raus, und jetzt hat er die Hosen gestrichen voll, weil er denkt, ich will ihn abmurksen. Tatsächlich«, sagt David,

»habe ich noch nie einen Kerl gesehen, der dermaßen die Hosen voll hat. Er hat immer noch so wahnsinnige Angst, daß er scheints überhaupt nicht mehr zu beruhigen ist. Geh mal hin zu ihm und sag ihm, er soll sich zusammenreißen, es passiert ihm überhaupt nichts, als daß er glücklich gemacht werden soll.«

Jetzt muß ich schon sagen, mir fällt ein Stein vom Herzen, wie ich höre, Stutzer-David führt nichts Schlimmeres gegen Waldo Winchester im Schilde, als daß er ihn verheiraten will, und ich gehe also zu Waldo rüber. Er sieht tatsächlich einigermaßen verstört aus. Er scheint völlig durcheinander zu sein und er hat, was man so nennt, einen sturen Ausdruck in den Augen. Ich sehe ihm an, er hat wirklich fürchterliche Angst, deshalb klopfe ich ihm freundlich auf die Schulter und sage: »Herzlichen Glückwunsch, mein Alter! Kopf hoch, das Schlimmste kommt erst noch!«

»Worauf Sie sich verlassen können!« sagt Waldo Winchester mit solcher Grabesstimme, daß ich höchst überrascht bin.

»Sie sind mir ein feiner Bräutigam«, sage ich. »Sie sehn ja aus, als ob Sie auf einem Begräbnis sind statt auf einer Hochzeit. Warum lachen Sie nicht mit? Warum gießen Sie sich keinen hinter die Binde und machen ordentlich Zinnober mit?«

»Mein Herr«, sagt Waldo Winchester, »meine

Frau wird sehr wenig entzückt sein, wenn ich Miss Billy Perry heirate.«

»Ihre Frau?« sage ich überrascht. »Was reden Sie denn da? Wie können Sie ne andere Frau haben als Miss Billy Perry? Reden Sie doch nicht solchen Quatsch!«

»Weiß ich«, sagt Waldo traurig, »weiß ich! Aber was nützt das alles, ich habe nun mal ne Frau, und die wird sehr nervös werden, wenn sie hiervon Wind kriegt. Meine Frau ist sehr streng mit mir. Meine Frau gestattet mir nicht, einfach so in der Gegend rumzuheiraten. Meine Frau ist die Lola Sapola von den Fliegenden Sapolas, Sie kennen doch die Akrobatentruppe, und wir sind fünf Jahre zusammen verheiratet. Sie ist die kräftige Dame, die ihre vier Partner in der Luft rumwirbelt. Meine Frau ist soeben von einer Jahrestournee durch die Staaten zurückgekehrt und befindet sich in diesem Augenblick im Hotel Marx. Durch diese Geschichte hier bin ich restlos erledigt.«

»Weiß Miss Billy Perry von dieser Frau?« frage ich.

»Nein«, sagt er. »Nein. Sie denkt, ich bin noch zu haben.«

»Und warum sagen Sie Stutzer-David nichts davon, daß Sie schon eine Frau haben, als er Sie hier rausbringt, um Sie mit Miss Billy Perry zu verheiraten?« frage ich.

»Mir scheint, ein Zeitungsmann sollte wissen,

daß es gesetzlich verboten ist, mehr als eine Puppe zu heiraten, außer man ist ein Türke oder dergleichen.«

»Na hörn Sie mal«, sagt Waldo, »wenn ich Stutzer-David verrate, ich bin verheiratet, nachdem ich ihm erst seine Puppe ausspanne, dann bin ich überzeugt, David wird sich fürchterlich aufregen und mir vielleicht was antun, was meiner Gesundheit schadet.«

Da ist schon allerhand dran, was der Kerl da sagt, ohne jeden Zweifel. Ich bin selber zu der Annahme geneigt, David wird einigermaßen außer Fassung geraten, wenn er von der Gefechtslage hört, besonders erst, wenn Miss Billy Perry dann das Herz bricht. Ich bin aber völlig ratlos, was man da machen soll, höchstens vielleicht, man läßt die Hochzeit ihren Lauf nehmen und macht hinterher, wenn Waldo erst mal außerhalb von Davids Reichweite ist, geltend, er ist gar nicht zurechnungsfähig, und die Ehe wird einfach annulliert. Eins aber steht fest, ich möchte nicht in der Nähe sein, wenn Stutzer-David spitzkriegt, daß Waldo längst verheiratet ist.

Ich bin grade am Überlegen, ob ich mich nicht überhaupt am besten gleich verdrücke, als am Eingang ein großer Krawall entsteht und Stutzer-David brüllt, der Pfarrer ist da. Der Pfarrer sieht übrigens sehr sympathisch aus, was das betrifft, obgleich er über den Betrieb hier ein wenig erstaunt zu sein scheint, besonders als

Miss Missouri Martin heranwalzt und ihn mit Beschlag belegt. Miss Missouri Martin eröffnet ihm, sie schwärmt für Geistliche und sie sind ein sehr vertrauter Umgang für sie, denn sie ist schon zweimal von einem Geistlichen getraut worden und außerdem zweimal vom Standesbeamten und einmal von einem Schiffskapitän auf hoher See.

Mittlerweile ist die ganze Korona, höchstens außer mir und Waldo Winchester und dem Pfarrer und vielleicht noch Miss Billy Perry, schon reichlich blau. Waldo hockt noch an seinem Tisch und sieht sehr trübsinnig aus und sagt immer nur »Ja« und »Nein« zu Miss Billy Perry, wenn sie grade mal bei ihm vorbeiflitzt, denn Miss Billy Perry ist zu sehr voller Seligkeit, um es lange an einer Stelle aushalten zu können. Stutzer-David ist am meisten blau von allen, denn er hat ja auch zwei bis drei Tage Vorsprung vor den anderen. Und wenn Stutzer-David blau ist, das möchte ich betonen, dann hat er ein ganz unberechenbares Temperament und kann einem jeden Augenblick ins Gesicht hinein explodieren. Aber die ganze Sache scheint ihm einen Heidenspaß zu machen.

Allmählich läßt Nig Skolsky die Tanzfläche räumen, und dann bringt er eine Art Triumphbogen aus den herrlichsten Blumen ran und läßt ihn dort aufstellen. Seine Idee scheint zu sein, daß Miss Billy Perry und Waldo Winchester unter diesem Blumenbogen getraut werden sollen. Es wird mir allmählich klar, daß Stutzer-David mehrere Tage drauf verwendet hat, die ganze Sache auszuknobeln, und sie muß ihn allerhand Zechinen gekostet haben, besonders als ich sehe, wie er Miss Missouri Martin einen Ring zeigt mit einem Diamanten dran, so groß wie ein Bonbon.

»Der ist für die Braut«, sagt Stutzer-David. »Der arme Schlucker, den sie da heiratet, wird nie genug Zaster haben, um ihr so einen Stein zu kaufen, und sie wünscht sich schon immer einen großen. Ich habe ihn von einem Kerl, der ihn aus Los Angeles mitbringt. Ich werde persönlich den Brautvater machen, was habe ich da eigentlich zu tun, Missou? Ich will, daß Billy alles genauso hat, wie es im Buch steht.«

Während Miss Missouri Martin bemüht ist, sich eine von ihren Hochzeiten ins Gedächtnis zurückzurufen, um ihn zu instruieren, werfe ich noch mal einen Blick auf Waldo Winchester, um zu sehen, was er inzwischen macht. Ich sehe früher mal, wie zwei Kerls in Sing-Sing auf den heißen Stuhl klettern, aber ich muß feststellen, beide sind noch quietschvergnügt im Vergleich zu Waldo Winchester in diesem Moment.

Miss Billy Perry sitzt bei ihm, und der Kapellmeister wirft seinen Leuten Vokabeln an den Kopf, weil keinem von ihnen mehr einfallen will, wie der Brautmarsch aus Lohengrin geht, als Stutzer-David brüllt: »So, alles ist bereit! Das glückliche Paar trete vor!«

Miss Billy Perry springt auf, packt Waldo Winchester am Arm und zerrt ihn von seinem Stuhl hoch. Nach einem Blick auf sein Gesicht wette ich mit jedermann sechs zu fünf, daß er nicht bis zu dem Blumenbogen kommen wird. Aber endlich schafft er es unter allgemeinem Lachen und Händeklatschen doch, und der Pfarrer tritt vor, während sie sich alle unter dem Blumendach versammeln.

Da erhebt sich plötzlich ein furchtbarer Spektakel vor dem Eingang zum Goldenen Auerhahn, wo eine Puppe mit einer Baßstimme wie ein Mann ein entsetzliches Gebrüll losläßt, und natürlich dreht sich alles um und guckt hin. Der Portier, ein Kerl mit Namen Schläger-Sachs, einer, der nicht gern mit sich spaßen läßt, versucht scheints, jemand den Eintritt zu verwehren, aber kurz darauf hört man einen dumpfen Knall, und Schläger-Sachs geht zu Boden, und herein kommt eine Puppe, ungefähr einen Meter zwanzig hoch und anderthalb Meter breit.

Ich habe tatsächlich noch nie so eine gewaltige Puppe gesehn. Sie sieht aus, als wär sie breitgehämmert. Ihr Gesicht ist fast so breit wie ihre Schultern und erinnert mich an einen riesigen runden Vollmond. Sie kommt reingehüpft wie ein Ball, und ich sehe sofort, sie ist aus irgendeinem Grunde ganz mächtig erbost. Wie sie reingehüpft kommt, höre ich ein komisches Gurgeln, und als ich mich umblicke, sehe ich, wie Waldo Winchester langsam zu Boden sackt, wobei er Miss Billy Perry um ein Haar mit sich zerrt.

Die gewaltige Puppe marschiert schnurstracks auf die Gruppe unter dem Blumenbogen los und ruft mit ihrer heiseren Baßstimme: »Wer ist hier Stutzer-David?«

»Ich bin Stutzer-David«, sagt Stutzer-David und tritt vor. »Was fällt Ihnen eigentlich ein, wie ein Walroß hier einzubrechen und unsere Hochzeit zu vermasseln?«

»Also Sie sind der Kerl, der meinen treuliebenden Gatten entführt, um ihn mit diesem rothaarigen Pfannkuchengesicht zu verheiraten, wie?« sagt die gewaltige Puppe, wobei sie Stutzer-David anguckt, aber dabei auf Miss Billy Perry zeigt.

Na danke, Miss Billy Perry vor den Ohren von Stutzer-David mit Pfannkuchengesicht zu titulieren ist ein sehr ernstes Unterfangen, und Stutzer-David wird denn auch sehr ärgerlich. Er ist meistens ziemlich höflich gegen Puppen, aber es ist deutlich zu sehen, das Benehmen der gewaltigen Puppe gefällt ihm in gar keiner Weise.

»Hören Sie mal, Sie!« sagt Stutzer-David, »verziehen Sie sich mal schleunigst, ehe Ihnen jemand eine knallt. Sie sind wohl besoffen«, sagt er. »Sie haben wohl nicht alle Tassen im Schrank«, sagt er. »Wovon reden Sie überhaupt?«

»Das werden Sie gleich merken, wovon ich rede!« schreit die gewaltige Puppe. »Der Kerl da am Boden, das ist mein mir rechtmäßig angetrauter Gatte. Sie haben ihn vermutlich zu Tode geängstigt, meinen armen Liebling. Entführt haben Sie ihn, damit er dies rothaarige Stück heiratet, aber ich werde Sie verhaften lassen, so wahr ich Lola Sapola heiße, Sie armseliger Hampelmann!«

Natürlich ist jedermann ganz entsetzt, daß eine Puppe derartige Ausdrücke gegenüber Stutzer-David zu gebrauchen wagt, aber anstatt a tempo was gegen die gewaltige Puppe zu unternehmen, sagt Stutzer-David: »Was hör ich da? Wer ist mit wem verheiratet? Raus mit Ihnen!« sagt David und packt die gewaltige Puppe am Arm.

Nun, sie tut so, als ob sie David mit der linken Hand eine Ohrfeige runterhauen will, und David zieht natürlich seine Schnauze zurück. Statt aber mit der Linken was zu unternehmen, versetzt Lola Sapola Stutzer-David urplötzlich mit der rechten Faust einen gegen den Magen, den er natürlich vorstreckt, als er seinen Kopf zurückbiegt.

Ich muß sagen, ich habe in meinem Leben schon manch einen Körperhaken austeilen sehen, aber einen so schönen wie diesen noch nie. Dazu kommt, daß Lola Sapola ihr ganzes Schwergewicht in den Schlag reinlegt, so daß allerhand Musik dahinter sitzt.

Nun ist natürlich ein Kerl, der dermaßen frißt und säuft wie Stutzer-David, um die Magen-gegend rum ziemlich empfindlich, deshalb macht David »uff« und setzt sich mit voller Wucht auf die Tanzfläche hin, und wie er da sitzt, fummelt er in der Hosentasche nach dem guten alten Schießeisen, worauf alles ringsum schleunigst in Deckung spritzt, mit Ausnahme von Lola Sapola und Miss Billy Perry und Waldo Winchester.

Aber ehe er seine Pistole rauswursteln kann, langt Lola Sapola runter, packt David beim Kragen und wuchtet ihn hoch. Dann läßt sie ihn los, so daß David wieder allein auf den Stelzen steht, wenn auch sehr wackelig, und feuert ihre Rechte zum zweitenmal in Davids Plautze rein.

Dieser Schlag bringt David nochmals zu Boden, und Lola geht auf ihn zu, als ob sie ihm noch einen Tritt versetzen will. Aber sie sammelt lediglich Waldo Winchester vom Boden auf, wirft ihn sich über die Schulter wie einen Sack Mehl und startet in Richtung Tür. Stutzer-David setzt sich wieder hoch, und inzwischen hat er das alte Schießeisen endlich in der Flosse.

»Wäre ich kein solcher Gentleman«, brüllt er, »dann hätten Sie jetzt Ihren Wanst bis oben hin voll Kugeln!«

Lola Sapola dreht sich nicht mehr um, denn inzwischen streichelt sie Waldo Winchesters Backen und gibt ihm verliebte Namen und sagt, was für eine Schmach und Schande, daß solche üblen Subjekte wie Stutzer-David ihren Liebling so mißhandeln. Für mich klingt das so, als ob Lola Sapola große Stücke auf Waldo Winchester hält.

Na, wie sie nun verschwunden ist, erhebt sich Stutzer-David vom Boden und steht da und stiert auf Miss Billy Perry, die Anstalten macht, sämtliche Heulrekorde zu brechen. Wir anderen, einschließlich der Pfarrer, kriechen aus unserer Deckung hervor und fragen uns nur, was Stutzer-David jetzt wohl für ein Theater anstellen wird, von wegen dieser ruinierten Hochzeit. Aber Stutzer-David scheint nichts weiter als nur enttäuscht und betrübt zu sein.

»Billy«, sagt er zu Miss Billy Perry, »es tut mir ja wahnsinnig leid, daß es nichts ist mit deiner Hochzeit. Ich will dich ja nur glücklich sehn, aber ich glaube nicht, daß du mit diesem Zeitungsfritzen jemals glücklich werden kannst, wenn er diese Löwenbändigerin auch mit dabeihaben muß. Als Liebesgott bin ich ein glatter Versager. Das ist die einzige anständige Tat, die ich jemals im Leben versuche, und es ist jammerschade, daß nicht draus wird. Am besten wartest du, bis er sie ersäuft oder sonst was mit ihr …«

»David«, sagt Miss Billy Perry, die solche

Tränenströme vergießt, daß sie davon schließlich direkt in Stutzer-Davids Arme hinein geschwemmt zu werden scheint, »nie, nie kann ich mit einem Kerl wie Waldo Winchester glücklich sein. Jetzt weiß ich endlich: Der einzige Mann für mich bist du!«

»Sieh mal einer an!« sagt Stutzer-David, und gleich wird er wieder vergnügt. »Wo ist der Pfarrer? Her mit dem Pfarrer! Wir wollen unsere Hochzeit doch noch haben.«

Kürzlich treffe ich Mr. und Mrs. Stutzer-David, und sie machen einen höchst glücklichen Eindruck. Aber bei verheirateten Leuten weiß man das ja nie so genau, deshalb verrate ich Stutzer-David natürlich kein Wort davon, daß ich derjenige bin, der Lola Sapola im Hotel Marx anruft, denn wer weiß – vielleicht tu ich Stutzer-David damit gar nicht mal so einen besonderen Gefallen.

Madame de la Hink

Eines Abends komme ich an der Ecke Fünf-
zigste Straße und Broadway vorbei, und was
sehe ich da? Stutzer-David steht in einem Tor-
weg und spricht mit einer heruntergekommenen,
bejahrten spanischen Puppe namens Madame de
la Hink. Oder, richtiger gesagt, Madame de la
Hink redet auf Stutzer-David ein, und, was noch
mehr heißen will, er hört ihr sogar zu, denn er
sagt dauernd: »Ja, ja«, wie er das zu tun pflegt,
wenn er jemand wirklich zuhört, was allerdings
selten vorkommt.

Für mich ist das ein höchst überraschender
Anblick, denn Madame de la Hink ist nicht eine
von den bejahrten Puppen, die man gern anhört,
und Stutzer-David schon gar nicht. Tatsächlich,
sie ist nur noch ein altes Reff, und die meiste Zeit
steht sie mehr oder weniger unter Schnaps.
Fünfzehn oder sechzehn Jahre lang seh ich
Madame de la Hink nun schon den Broadway
oder die Vierziger Straßen entlangschleichen,
manchmal verkauft sie Zeitungen, manchmal
Blumen, aber in all den Jahren seh ich sie selten
anders als halb im Tran von all dem vielen Gin,
den sie säuft.

Natürlich nimmt niemand die Zeitungen, die

sie verkauft, wirklich an sich, selbst wenn man ihr das Geld dafür gibt, denn meistens sind sie von gestern und manchmal auch von der vorigen Woche, und ebenso will kein Mensch ihre Blumen, selbst wenn man sie ihr abkauft, denn das sind Blumen von einem Beerdigungsinstitut in der Zehnten Avenue, und sie sind immer schon ganz welk.

Persönlich halte ich Madame de la Hink für eine elende Landplage, aber weichherzige Menschen wie Stutzer-David schenken ihr immer ein paar Silbermünzen, wenn sie angelatscht kommt und einem über ihre Not die Hucke voll jammert. Sie hinkt ein bißchen auf einem Bein, und deshalb nennt man sie Madame de la Hink, und vor Jahren erzählt mir jemand, daß Madame de la Hink früher mal Spanische Tänzerin ist und eine ganz große Nummer am Broadway, aber dann hat sie einen Unfall und muß die Tanzerei an den Nagel hängen, und eine unglückliche Liebe bringt sie obendrein an den Suff.

Und ich weiß noch, wie mir mal jemand erzählt, Madame de la Hink ist in besseren Tagen eine bekannte Schönheit und hat eigene Dienstboten und alles was dazu gehört, aber die gleiche Geschichte hört man ja überall und über jede verkorkste Existenz am Broadway, ob männlich oder weiblich, und darunter sind verschiedene, von denen ich genau weiß, daß sie von vornherein nie was anderes sind als verkrachte

Existenzen, deshalb kümmer ich mich überhaupt nicht um solche Märchen.

Immerhin will ich zugeben, daß Madame de la Hink früher vielleicht mal eine ganz hübsche Person sein mag, was das betrifft, und wahrscheinlich auch ganz gut gewachsen ist, denn ich seh sie ein- oder zweimal, wo sie nüchtern ist und die Haare ordentlich hat, und da sieht sie gar nicht so übel aus, obgleich auch dann, würde man sie in einem Fundbüro abgeben, kaum Gefahr bestünde, daß sich jemand einstellt, der sie reklamiert.

Meistens hat sie ganz zerlumpte Kleider an und zerlumpte Schuhe, und ihre grauen Zotteln hängen ihr immer im Gesicht rum, und wenn ich sage, sie mag so um die Fünfzig sein, dann ist das noch ganz gewaltig geschmeichelt. Obgleich sie Spanierin ist, spricht Madame de la Hink gut Englisch, und sie kann tatsächlich auf englisch so ausgezeichnet fluchen, wie ichs besser noch nie gehört habe, ausgenommen bei Stutzer-David. Wie dem auch sei, als Stutzer-David mich sieht, während er Madame de la Hink zuhört, gibt er mir ein Zeichen, auf ihn zu warten, und so warte ich, bis sie endlich ausgequatscht hat und ihrer Wege humpelt. Dann kommt Stutzer-David zu mir rüber, und er hat eine ganz besorgte Miene aufgesetzt.

»Verzwickte Geschichte«, sagt David. »Das alte Reff ist schwer in der Bredullje. Vor längerer

Zeit hat sie scheints mal ein Baby, von dem sie per Eulalie redet, da es sich um ein Mädchen handelt, und dies Baby verfrachtet sie zu ihrer Schwester nach einem kleinen Nest in Spanien, um es dort aufziehn zu lassen, denn Madame de la Hink taxiert, ein Baby kann hier bei ihr keine besondere Pflege kriegen, solange sie sich am Broadway rumtreibt. Und dieses Baby ist jetzt unterwegs nach hier. Tatsächlich«, sagt Stutzer-David, »soll sie diesen Sonnabend bereits ankommen, und nun haben wir heute doch schon Mittwoch.«

»Wo ist denn der Herr Papa von dem Baby?« frage ich Stutzer-David.

»Ach was«, sagt David, »danach frage ich Madame de la Hink doch nicht, denn ich halte so ne Frage für sehr taktlos. Ein Kerl, der hier in New York rumgeht und Fragen stellt, wo denn den Babys ihre Papas stecken oder womöglich, wie sie heißen, riskiert, in den Ruf eines Naseweis zu kommen. Auf jeden Fall hat das überhaupt nichts mit dieser Angelegenheit hier zu tun, nämlich daß Madame de la Hinks Baby Eulalie in Kürze hier ankommt.

Nun ist«, fährt David fort, »Madame de la Hinks Baby, das jetzt achtzehn ist, scheints mit dem Sohn eines sehr stolzen alten spanischen Edelmanns verlobt, der in demselben kleinen Kaff in Spanien wohnt, und ferner kommen dieser stolze alte spanische Edelmann und seine treuliebende Gattin sowie ihr Sohn und Madame de la Hinks Schwester scheints allesamt mit dem Baby hierher. Sie machen eine Reise um die Welt und wollen ein paar Tage in New York bleiben, nur um Madame de la Hink zu besuchen.«

»Klingt mir langsam wie ein Film von der Sorte, wie man sie manchmal in den Nachtkinos vorgesetzt kriegt«, sage ich.

»Hör doch erst mal zu«, sagt David ungeduldig, »und quatsch mir nicht immer dazwischen. Also, der stolze alte Edelmann will scheints nicht, daß sein Sohn irgend so ein hergelaufenes Flittchen heiratet, und einer seiner Gründe, weswegen er herkommt, ist, weil er Madame de la Hink mal in Augenschein nehmen und sich davon überzeugen will, daß sie auch okay ist. Er glaubt, der richtige Papa von Madame de la Hinks Baby ist tot, und daß Madame de la Hink jetzt mit einem der reichsten und vornehmsten Kerls von Amerika verheiratet ist.«

»Wie kommt denn der stolze alte spanische Edelmann auf so ne komische Idee!« frage ich. »Ich freß nen Besen, wenn der Madame de la Hink schon jemals zu sehn kriegt oder auch nur eine Photographie von ihr, wie sie jetzt aussieht.«

»Ich will dir das erklären«, sagt Stutzer-David. »Madame de la Hink redet dem Baby in ihren Briefen scheints ein, daß es tatsächlich an dem ist. Sie arbeitet scheints gelegentlich als Scheuerfrau in einem dieser vornehmen Hotels in der Park Avenue, dem Marberry, und dort klaut sie sich Briefpapier, und auf dem schreibt sie ihrem Baby dann nach Spanien, daß sie im Marberry wohnt und wie reich und wie aristokratisch ihr Mann ist. Und mehr noch, Madame de la Hink läßt sich die Briefe von ihrem Baby an die Adresse des Hotels Marberry schicken und kriegt sie dort mit der Angestelltenpost.«

»Na hör mal«, sag ich. »Madame de la Hink ist eine ganz große Schwindlerin, daß sie die Leute derartig hinters Licht führt, noch dazu einen stolzen alten spanischen Edelmann. Außerdem«, sag ich, »muß dieser stolze alte spanische Edelmann ein ziemlicher Esel sein, wenn er sich aufbinden läßt, eine Mutter kümmert sich, wenn sie Geld mehr als genug hat, all die Jahre überhaupt nicht um ihr Baby, obgleich ich natürlich nicht beurteilen kann, wieviel Schläue so ein stolzer alter spanischer Edelmann überhaupt aufbringt.«

»Ist ja unwichtig«, sagt David, »Madame de la Hink erzählt mir, grade am allermeisten zieht bei dem stolzen alten spanischen Edelmann, daß sie ihr Baby deshalb die ganze Zeit in Spanien läßt, weil sie wünscht, daß es in jeder Hinsicht als echtes spanisches Baby aufwächst, bis es erst mal weiß, was überhaupt los ist. Trotzdem taxiere auch ich«, sagt David, »daß der stolze alte spanische Edelmann nicht grade das Pulver erfindet, was das betrifft, denn Madame de la Hink erzählt mir, er verläßt sein kleines Kaff überhaupt nicht, wo es noch nicht mal im Badezimmer fließendes Wasser gibt.

Worauf ich aber hinaus will«, sagt David, »ist folgendes: Wir müssen Madame de la Hink, eh ihr Baby auf der Bildfläche erscheint, in eine tadellose Etage im Marberry stecken, zusammen mit einem reichen und aristokratischen Kerl, der ihren Mann spielt. Wenn der stolze alte spanische Edelmann nämlich rauskriegt, daß Madame de la Hink nichts weiter ist als ne verkommene alte Schlampe, wett ich hundert zu eins, daß er die Verlobung seines Sohnes mit Madame de la Hinks Baby glatt annulliert, womit er eine Menge Herzen bricht, einschließlich das von seinem Sohn. Wie Madame de la Hink mir erzählt, ist ihr Baby ganz verrückt auf den jungen Kerl, und er ist genauso verrückt auf sie, und gebrochene Herzen gibts sowieso schon genug in New York. Ich weiß schon, wie ich die Etage kriege, deshalb geh du jetzt los und hol mir Richter Henry G. Blake, der soll den reichen, vornehmen Ehemann markieren, oder auf jeden Fall den Ehemann.«

Also, ich habe Stutzer-David schon so manche Verrücktheit anstellen sehn, aber noch nie so ne verrückte Sache wie die hier. Aber ich weiß, es hat gar keinen Sinn, ihm zu widersprechen, wenn er sich mal was in den Kopf setzt, denn wenn man Stutzer-David zu viel widerspricht, kann es passieren, daß er ausholt und einem eine in die Schnauze verpaßt, daß man die Engel im Himmel singen hört, und keine Rechthaberei ist wert, daß man eine in die Schnauze kriegt, besonders nicht, wenn sie von Stutzer-David kommt.

Deshalb zieh ich also los und such nach Richter Henry G. Blake, damit er Madame de la Hinks Ehemann wird, obwohl ich nicht sicher bin, daß er sehr begeistert sein wird, überhaupt von irgendeiner Person der Ehemann zu werden, geschweige denn von Madame de la Hink, wenn er sie sich erst mal genauer zu Gemüte führt. Denn Richter Henry G. Blake ist ein ziemlich distinguierter alter Kerl.

Wenn man Richter Henry G. Blake so ansieht, mit seinem ergrauten Haar, seinem Pincenez und seinem Spitzbäuchlein, hält man ihn für eine wirklich sehr bedeutende Persönlichkeit. Natürlich ist Richter Henry G. Blake gar kein Richter und ist auch früher niemals Richter, aber alle nennen ihn Richter, weil er so aussieht wie ein Richter und weil er eine sehr gemessene Art zu sprechen an sich hat und viele geschraubte Vokabeln in seine Rede einfließen läßt, die die wenigsten Leute verstehn.

Wie man mir erzählt, hat Richter Blake früher mal ne Menge Moneten und ist damals eine große Nummer in Wallstreet und eine hochangesehene Persönlichkeit am Broadway, aber dann tippt er an der Börse ein paarmal daneben, und eines Tages steht er sozusagen mit leeren Händen da, wie das den Leuten, die an der Börse danebentippen, für gewöhnlich so geht. Was Richter Henry G. Blake zur Zeit tut, um seine Brötchen zu verdienen, weiß kein Mensch, denn er tut überhaupt nicht viel, und doch scheint er sich immer mal wieder irgendwie ein paar Dollar zu verschaffen. Ab und zu macht er mal einen Trip über den Ozean mit Typen wie Klein-Manuel und anderen Kerls, die auf den großen Dampfern hin- und herfahren, und leistet ihnen Hilfestellung am Bridgetisch und dergleichen mehr. Oft stößt Klein-Manuel auf seinen See-reisen auf irgendeinen Kerl, den er nicht rein-legen kann, dann holt er sich Richter Henry G. Blake dazu, der den Kerl dann auf die ehrliche Tour fertigmachen muß, obgleich Klein-Manuel einem Kerl seinen Zaster natürlich viel lieber einfach mit Falschspiel abnimmt, als daß er ihn auf die ehrliche Tour fertigmacht.

Auf keinen Fall aber kann man sagen, Richter Henry G. Blake ist ein verkommenes Subjekt, zumal er immer tadellos angezogen ist mit Steh-kragen und Melone, und die meisten Leute halten ihn für einen netten alten Herrn. Ich persönlich erwische den Richter noch nie bei irgendeiner krummen Sache, und er sagt immer sehr freundlich Hallo zu mir.

Ich brauche etliche Stunden, bis ich Richter Henry G. Blake entdecke, aber schließlich stöber ich ihn in Derles Billardsalon auf, wo er grade mit einem Kerl aus Providence in Rhode Island eine Partie Lochbillard am Spielen ist. Der Richter spielt mit dem Kerl aus Providence scheints um fünf Cent pro Ball, und er liegt etwa fünfzehn Bälle zurück, als ich ins Lokal reinkomme, denn selbstverständlich will der Richter den Kerl aus Providence bei fünf Cent pro Ball gewinnen lassen, um ihn zu ermutigen, nachher vielleicht um fünfundzwanzig Cent pro Ball zu spielen, denn der Richter hat in dieser Beziehung ganz gediegene Methoden.

Wie ich reinkomme, seh ich grad den Richter einen Ball verkorksen, den jedes Kind mit verbundenen Augen machen kann, aber sobald ich ihm zuzwinkere, daß ich ihn sprechen möchte, legt der Richter los und jagt die Bälle einen nach dem anderen in die Löcher, daß es nur so knallt, und der letzte Ball ist eine Doppelbande, die jeden Billardmeister verblüffen würde, denn wenn es sich um Billard handelt, ist der alte Richter ein ganz ausgekochter Hund.

Wie er mir nachher erzählt, ist er ganz unglücklich darüber, daß ich ihn so zur Eile treibe, denn nach diesem letzten Ball kriegt er den Kerl aus Providence bestimmt nicht mehr dazu, auch nur ums Vergnügen noch mal mit ihm zu spielen, und dabei sagt mir der Richter, der Kerl stellt sich als genau das raus, wonach er immer sucht.

Also sehr begeistert ist Richter Henry G. Blake nicht grade, als ich ihm erzähle, weshalb Stutzer-David ihn sprechen möchte, aber natürlich ist er gern bereit, alles für David zu tun, weil er genau weiß, daß Kerls, die sich Stutzer-David nicht zur Verfügung stellen, oft ganz unangenehme Sachen erleben. Der Richter meint zwar, er hat kein großes Talent zum Ehemann, weil er es vorher schon verschiedene Male auf eigene Faust probiert, und jedesmal platzt die Affäre wieder, aber nachdem es diesmal nichts Ernsthaftes ist, will er die Sache schon übernehmen. Auf jeden Fall, meint Richter Blake, den Aristokraten zu spielen kommt seiner wahren Natur nur entgegen.

Wenn Stutzer-David ne Sache erst mal in die Hand nimmt, ist er ein Wunder an Fixigkeit. Als erstes übergibt er Madame de la Hink der Obhut von Miss Billy Perry, die inzwischen Davids treuliebende Gattin ist und die er damals aus Miss Missouri Martins Klub der Dreihundert rausholt, wo sie bis dahin als Steptänzerin auftritt, und Miss Billy Perry zieht ihrerseits Miss Missouri Martin hinzu.

Das ist Wasser auf Miss Missouri Martins Mühle, denn nichts macht ihr soviel Vergnügen, als ihre Nase in andrer Leute Angelegenheiten zu stecken, ganz egal worum sichs handelt, aber sie ist trotzdem eine große Hilfe, was das betrifft, obgleich man zuerst wer weiß was für Mühe hat, sie davon abzubringen, daß sie Waldo Winchester, dem Zeitungsfritzen, den ganzen Jux verrät, damit er ne Geschichte in seiner Zeitung bringt und auch Miss Missouri Martin darin erwähnt. Denn Miss Missouri Martin ist immer sehr darauf aus, die Reklamechancen wahrzunehmen, die für sie in einer Sache stecken.

Auf jeden Fall machen sich Miss Billy Perry und Miss Missouri Martin mit vereinten Kräften daran, Madame de la Hink mit einer Unmasse neuer Kleider toll auszustaffieren, und sie lassen sie von einem dieser Schönheitssalons in die Mache nehmen, bis sie tatsächlich völlig verändert wieder zum Vorschein kommt. Hinterher erfahre ich, daß Miss Billy Perry und Miss Missouri Martin sich dabei heftig in die Haare geraten, weil Miss Missouri Martin Madame de la Hinks Haare genauso färben lassen möchte wie ihre eigenen, nämlich knallgelb, und ihr die gleichen Kleider kaufen möchte, die sie selber trägt, und Miss Missouri Martin ist schwer beleidigt, als Miss Billy Perry sagt, kommt nicht in Frage, weil sie doch versuchen wollen, Madame de la Hink so anzuziehen, daß sie aussieht wie eine Dame.

Ich kriege erzählt, Miss Missouri Martin hat erst nicht übel Lust, Miss Billy Perry wegen dieser Pflaume eine zu kleben, aber sie denkt grade noch rechtzeitig dran, daß Miss Billy Perry jetzt ja Stutzer-Davids treuliebende Gattin ist und daß niemand in New York sich unterstehen darf, Stutzer-Davids treuliebender Gattin eine zu kleben, außer vielleicht David selbst.

Im Handumdrehn ist Madame de la Hink in einer vornehmen Acht- oder Neunzimmerwohnung im Hotel Marberry etabliert, und zwar geht das folgendermaßen vor sich: Einer von Stutzer-Davids besten Sekt-Kunden ist scheints ein Kerl namens Rodney B. Emerson, dem die Wohnung gehört, der aber jetzt mit seiner Familie, oder wenigstens mit seiner treuliebenden Gattin, auf seinem Sommersitz in Newport weilt.

Dieser Rodney B. Emerson ist ein sehr beliebter Kerl am Broadway, und er hat sein Geld sehr locker sitzen und ist immer auf Amüsement aus und hat eine dicke Nummer bei den Jungens. Außerdem ist er Stutzer-David verpflichtet, weil David ihm anständigen Sekt verkauft, während die meisten Kerls ihm das gepanschte Zeug anzudrehn versuchen, und natürlich weiß Rodney B. Emerson diese zuvorkommende Behandlung zu schätzen.

Emerson ist ein kleiner dicker Pummel mit rotem Vollmondgesicht und einer herzhaften Art zu lachen, und er ist ein Kerl, den Stutzer-David ohne weiteres in seiner Villa in Newport

anrufen kann und ihm die Lage auseinander-
setzen, und den er ruhig bitten kann, uns seine
Wohnung zu pumpen, was David auch tut.

Rodney B. Emerson findet die Idee überhaupt
scheints ganz großartig, und er spricht zu
Stutzer-David wie folgt:

»Du kannst nicht nur die Wohnung haben,
David, sondern ich komme sogar selber rüber
und helfe euch dabei. Es erspart euch eine Menge
Auseinandersetzungen im Marberry, wenn ich
anwesend bin.«

Also kommt er gleich von Newport angewetzt und stellt sich David zur Verfügung, und
ich möchte hiermit erklären, daß keiner von uns
Rodney B. Emerson und seine prima Mitarbeit
je vergessen wird, und niemand wird je wieder
versuchen, ihm gepanschten Stoff anzudrehn,
wenn er seinen Sekt kauft, auch wenn er ihn mal
nicht bei Stutzer-David kaufen sollte.

So kommt der Sonnabend ran, und das Boot
von Spanien ist fällig, deshalb mietet Stutzer-
David eine riesige Limousine und setzt seinen
eigenen Chauffeur, Spaghetti-Sam, ans Steuerrad,
damit ein fremder Chauffeur nicht womöglich an
irgend jemand verrät, daß es nur ein Mietwagen
ist. Miss Missouri Martin ist ganz wild darauf,
Madame de la Hink ans Schiff zu begleiten und
ihre Jazzband, die Hei-Hei-Boys vom Klub der
Dreihundert, mitzunehmen, um der Begrüßung
den richtigen Schwung zu geben, aber dieser Ein-

fall findet wenig Gegenliebe. Nur Madame de la Hink und ihr Gatte, Richter Henry G. Blake, und Miss Billy Perry fahren hin, obgleich der Richter erst lange darauf besteht, Klein-Manuel mitzunehmen, weil er, wie er sagt, jemand dabei haben muß, der ihm einen Wink gibt, falls irgendwelche abfälligen Bemerkungen über ihn als Ehemann auf spanisch gemacht werden, denn Klein-Manuel ist ein richtiggehender Spanier. An dem Morgen, wo sie zum Boot fahren, bekommt Richter Henry G. Blake zum erstenmal seine treuliebende Gattin Madame de la Hink richtig zu Gesicht, und mittlerweile haben Miss Billy Perry und Miss Missouri Martin Madame de la Hink so in der Mache, daß sie durchaus nicht so übel aussieht. Tatsächlich sieht sie erstklassig aus, zumal sie keinen Schnaps mehr trinkt und erklärt, damit ist jetzt endgültig Schluß.

Richter Henry G. Blake ist kolossal überrascht von ihrem Anblick, weil er die ganze Zeit eine Vogelscheuche erwartet. Er gießt sich sogar vorher rasch noch ein paar hinter die Binde, um sich für das Unternehmen zu stählen, wie er das nennt, ehe er erscheint. Diese kleine Stärkung im Verein mit der prima Ausstaffierung und der gründlichen Säuberung, die Miss Billy Perry und Miss Missouri Martin Madame de la Hink haben zuteil werden lassen, läßt Madame de la Hink dem Richter in sehr sympathischem Licht erscheinen.

Wie man mir berichtet, ist das Wiedersehn am Pier zwischen Madame de la Hink und ihrem Baby in der Tat eine sehr rührende Angelegenheit, und als erst der stolze alte spanische Edelmann und seine Frau und ihr Sohn und Madame de la Hinks Schwester alle zusammen in Aktion treten, fließen genügend Tränen, um sämtliche spanischen Kriegsschiffe wieder flott zu machen, die wir damals versenkt haben. Sogar Miss Billy Perry und Richter Henry G. Blake veranstalten eine erstklassige Heulerei, wobei allerdings nicht ausgeschlossen ist, daß der Richter eher durch den Whisky, mit dem er sich Mut ankippt, als durch das Wiedersehn so heulselig wird.

Immerhin ist der alte Richter, wie ich höre, ganz groß in Form, vor allem knutscht er Madame de la Hinks Baby tüchtig ab und schüttelt dem stolzen alten spanischen Edelmann nebst Frau und Sohn kräftig die Flosse, und Madame de la Hinks Schwester drückt er so innig an seine Brust, daß ihr die Zunge raushängt.

Es stellt sich raus, daß der stolze alte spanische Edelmann weiße Koteletten trägt und Conde de Sowieso betitelt ist, demnach ist seine treuliebende Gattin eine Condesa, und der Sohn ist ein durchaus angenehmer stiller Junge, der jedesmal rot anläuft, wenn ihn jemand anguckt. Was Madame de la Hinks Baby selber betrifft, so gibts kaum was Hübscheres, und mancher Kerl bedauert, daß nicht er statt Richter Henry G.

Blake den Posten als Stiefvater geschnappt hat, weil der in der Lage ist, unter den billigsten Vorwänden Madame de la Hinks Baby einen Kuß zu verpassen. Nie hab ich ein entzückenderes junges Paar gesehn, und jeder kann merken, wie sehr sie tatsächlich ineinander verliebt sind.

Madame de la Hinks Schwester würde ich mir zwar nicht grade gern aufhängen lassen, und sie ist auch bereits ein reichlich altes Semester, aber sie verhält sich ebenfalls sehr still. Keiner von der ganzen Gesellschaft spricht ein Wort Englisch, deshalb sind Miss Billy Perry und Richter Henry G. Blake auf der Heimfahrt einigermaßen überflüssig. Jedenfalls verduftet der Richter gleich, nachdem sie im Marberry ankommen, denn inzwischen kriegt er seine Gattenrolle ein bißchen satt. Er erklärt, daß er nur mal rasch nach Pittsburgh rüberfahren muß, um Stücker vier oder fünf Kohlengruben zu kaufen, aber am nächsten Tag will er wieder zurück sein.

Alles scheint mir soweit also prima zu klappen, und eigentlich sollte man die Dinge jetzt getrost sich selbst überlassen, aber Stutzer-David muß durchaus für den nächsten Abend einen großen Empfang ansetzen. Ich rate David entschieden von dieser Idee ab, weil ich befürchte, daß irgendwas passiert, was das ganze schöne Theater vermasselt, aber er hört nicht auf mich, besonders wo Rodney B. Emerson jetzt auch in New York ist und sich mächtig für diese Party einsetzt, weil er auch was von dem guten Sekt abhaben will, den er in seiner Wohnung verstaut hat.

Auch Miss Billy Perry und Miss Missouri Martin werden ganz giftig gegen mich, als sie hören, daß ich abrate, denn beide kaufen sich scheints auf Stutzer-Davids Kosten auch gleich neue Abendkleider, als sie Madame de la Hink einkleiden, und mit denen möchten sie sich jetzt natürlich erst mal bewundern lassen. Also, die Party steigt.

Ich komme so gegen neun ins Marberry, und wer öffnet mir die Tür von Madame de la Hinks Wohnung? Kein anderer als Musch, der Portier von Miss Missouri Martins Klub der Dreihundert, noch dazu in voller Klub-Livree, nur daß er diesmal sauber rasiert ist. Ich begrüße Musch mit einem freundlichen Hallo, aber er würdigt mich keiner Antwort, verbeugt sich nur und nimmt mir den Hut ab.

Als nächsten Kerl seh ich Rodney B. Emerson im Frack, und kaum sieht er mich, so brüllt er auch schon los: »Mister O. O. McIntyre!« Aber natürlich bin ich nicht Mr. O. O. McIntyre, und ich gebe mich auch niemals für Mr. O. O. McIntyre aus, auch besteht nicht die geringste Ähnlichkeit zwischen Mr. O. O. McIntyre und mir, denn ich bin ein ganz gutaussehender Kerl, und ich will mich grade mit Rodney B. Emerson deswegen anlegen, da flüstert er zu mir wie folgt:

»Nun laß schon«, flüstert er, »wir müssen bei

dieser Veranstaltung doch mit großen Namen auffahren, um bei der Blase Eindruck zu schinden. Möglicherweise lesen sie bei sich zu Hause in Spanien die Zeitung, und da müssen wir sie doch mit den Leuten bekannt machen, über die sie lesen, damit sie sehn, Madame de la Hink ist eine richtiggehende große Dame, wo solche Prominenten bei ihr verkehren.«

Dann nimmt er mich beim Arm und schleift mich zu einer Gruppe in einer Ecke des Raums, der beinah so groß ist wie der Wartesaal des Grand-Central-Bahnhofs.

»Mr. O. O. McIntyre, der berühmte Schriftsteller!« sagt Rodney B. Emerson, und ehe ich weiß, wie mir geschieht, schüttle ich Herrn und Frau Conde und ihrem Sohn die Hand, und Madame de la Hink und ihrem Baby und Madame de la Hinks Schwester und schließlich auch Richter Henry G. Blake, der einen Cutaway anhat und der mich einfach glatt übersieht. Ich taxiere, dem Richter steigt die ganze Sache schon ein bißchen zu Kopf, wenn er einen Kerl übersieht, der ihm doch sozusagen mithilft, diesen Auftrag zu kriegen, aber auch so muß ich zugeben, der alte Richter sieht richtig imponierend aus in seinem Schwalbenschwanz, wie er sich nach allen Seiten verbeugt und sein salbungsvolles Lächeln serviert.

Madame de la Hink steckt in einem tief ausgeschnittenen schwarzen Abendkleid und trägt einen Haufen von Miss Missouri Martins Juwelen, wie zum Beispiel Ringe und Armbänder, mit denen Miss Missouri Martin sie partout behängen will, obgleich ich später erfahre, daß sie Johnny Brannigan, den Kriminal, kommen läßt, um auf die Juwelen aufzupassen. Ich wundere mich erst, wieso Johnny auch da ist, und ich taxiere, wahrscheinlich weil er ein Freund von Stutzer-David ist. Also trotz aller Gutherzigkeit ist Miss Missouri Martin doch keine dumme Kuh.

Wer Madame de la Hink so sieht, kommt todsicher nie im Leben auf den Gedanken, daß sie vorher mal in einem Kellerloch drüben in der Zehnten Avenue haust und noch bis vor kurzem mit der Ginbuddel verheiratet ist. Sie trägt ihr graues Haar hochfrisiert, mit einem großen spanischen Kamm drin, und sie erinnert mich an ein Gemälde, das ich mal irgendwo seh, ich weiß nur nicht mehr, wo. Und ihr Baby Eulalie, ganz in Weiß, ist die entzückendste Puppe, die man sich wünschen kann, und keiner kann es Richter Henry G. Blake verdenken, wenn er ihr ab und zu ein Küßchen raubt.

Kurz darauf höre ich Rodney B. Emerson ausrufen:

»Mister Willie K. Vanderbilt!«, und reinkommt tatsächlich der Lange Nig, und Rodney B. Emerson geleitet ihn zu der Gruppe rüber und stellt ihn vor.

Klein-Manuel steht neben Richter Blake und erklärt Herrn und Frau Conde und den anderen auf spanisch, daß »Willie K. Vanderbilt« ein ganz schwerer Millionär ist, und wenigstens Herr und Frau Conde scheinen tief beeindruckt zu sein, obwohl natürlich Madame de la Hink und Richter G. Blake den Langen Nig erkennen, während Madame de la Hinks Baby und der junge Kerl sich überhaupt für niemand anders interessieren als wie nur füreinander.

Dann höre ich »Mister Al Jolson«, und herein kommt Tony Bertazzola vom Chicken-Klub, der Al Jolson ungefähr genauso ähnlich sieht wie ich Mister O. O. McIntyre, nämlich nicht die Spur. Als nächster erscheint »Seine Hochwürden John Roach Straton«, der so aussieht, als wäre er Skeets Bolivar, dann »Herr Oberbürgermeister James J. Walker«, in Gestalt ausgerechnet von Amüsier-Charly Bernstein.

»Mister Otto H. Kahn, der bekannte Bankier und Mäzen« stellt sich als Rostkopp-Rochester raus, und »Mister Heywood Broun« ist Griechen-Nicky, der sich bei mir privat erkundigt, wer eigentlich Heywood Broun ist, und auf Rodney B. Emerson fuchsteufelswild wird, als ich ihm diese Literatentype ein wenig näher beschreibe.

Auf einmal entsteht eine beträchtliche Unruhe an der Tür, und Rodney B. Emerson ruft mit extra lauter Stimme: »Mister Herbert Bayard

Swope«, worauf sich alles umdreht, aber es ist natürlich nur Käsegesicht. Auch er nimmt mich beiseite und möchte wissen, wer Herbert Bayard Swope ist, und als ich ihm verrate, daß das ein ganz berühmter Zeitungsmann ist, plustert sich Käsegesicht so auf, daß er mit Totenhaus-Donegan überhaupt nicht mehr sprechen will, der es nur zu »Mister William Muldoon« gebracht hat.

Ein bißchen zu stark scheint mir allerdings, als sie den »Vizepräsidenten der Vereinigten Staaten, Exzellenz Charles Curtis«, ankündigen, daß Italiener-Mike reingeprescht kommt, aber als ich Stutzer-David, der überall rumspritzt und nach dem Rechten sieht, das sage, meint er nur: »Wieso? Wenn du nicht weißt, daß es Italiener-Mike ist, wie willst du dann wissen, daß es nicht Vizepräsident Curtis ist?«

Aber mir kommt das alles höchst despektierlich gegen unsere Spitzen der Gesellschaft vor, besonders als Rodney B. Emerson ausruft: »Seine Hochwohlgeboren, der Polizeipräsident Mister Grover A. Whalen«, und der Wilde William Wilkins reingeschossen kommt, ein ganz brenzliger Bursche, der zur Zeit an mehreren Orten aus den verschiedensten Gründen gesucht wird. Stutzer-David nimmt den Wilden William höchstpersönlich in seine Obhut und holt zuerst mal ein Schießeisen aus seiner Hosentasche raus, denn den Gästen ist ausdrücklich eingeschärft worden, ja ohne Waffen zu erscheinen, wo es sich doch um eine rein gesellschaftliche Veranstaltung handelt.

Ich beobachte Herrn und Frau Conde und kann nicht feststellen, daß alle diese Namen den geringsten Eindruck auf sie machen, aber nachher höre ich, sie kriegen zu Haus in Spanien nie eine Zeitung in die Hand, mit Ausnahme eines kleinen Käseblattes aus dem Nest, wo sie wohnen, das nur Lokalnachrichten bringt. Herr und Frau Conde sehen auch tatsächlich ein bißchen gelangweilt drein, obgleich Herrn Condes Gesicht sich a tempo beträchtlich aufhellt und sehr viel mehr Interesse am Leben bezeigt, als plötzlich eine Menge Puppen reingeschneit kommen. Die meisten sind Puppen aus Miss Missouri Martins Klub der Dreihundert und aus der Heißen Kiste, aber Rodney B. Emerson stellt sie vor als »Sophie Tucker«, »Greta Garbo«, »Marlene Dietrich«, »Dorothy Lamour«, »Paulette Goddard« und dergleichen mehr.

Kurz darauf erscheint auch Miss Missouri Martins Jazzkapelle, die Hei-Hei-Boys, auf der Bildfläche, und die Party kommt allmählich schön auf Touren, besonders als Stutzer-David Rodney B. Emerson dazu kriegt, endlich die Sektpfropfen knallen zu lassen. Jetzt wird überall feste getanzt, und alle Welt amüsiert sich großartig, einschließlich Herrn und Frau Conde. Und nachdem Herr Conde sich erst mal ein paar

Glas Schampus hinter die Binde gießt, erweist er sich auf einmal als ein ganz gemütliches altes Haus, wenn auch kein Mensch ein Wort verstehen kann von dem, was er sagt.

Was aber Richter Henry G. Blake betrifft, so ist er jetzt gewaltig in Fahrt. Offenbar nimmt er inzwischen tatsächlich alles für bare Münze, was sich da tut, und daß er tatsächlich allerhand Berühmtheiten bei sich zu Haus zu Gast hat. Man braucht dem guten Richter nur eine Pulle anständigen Schampus einzuflößen, und schon glaubt er auch alles, was man ihm sagt. Es dauert nicht lange, da hat er sich völlig außer Puste getanzt, und auf einmal fällt mir auf, daß er dauernd um Madame de la Hink rumscharwenzelt.

So gegen Mitternacht muß Stutzer-David mal schnell in die Küche raus, um einen Krach zwischen ein paar Kerls zu schlichten, die sich beim Trudeln erzürnt haben, aber sonst geht alles sehr friedlich zu. Nur haben »Herr Bayard Swope«, »Vizepräsident Curtis« und »Polizeipräsident Whalen« scheints grade ein Spielchen in Gang gebracht, als »Seine Hochwürden John Roach Straton« dazukommt und sie in vier Gängen ausmisten, aber die andern kriegen scheints sehr bald spitz, daß Seine Hochwürden »Kreisel« benutzt, was nämlich unehrliche Würfel sind, und deshalb kriegt »Hochwürden Straton« eine geklebt, und Stutzer-David kann die Kerls nur mit Mühe auseinanderzerren.

So allmählich denke ich dran zu verduften, und ich sehe mich nach Herrn und Frau Conde um, denen ich Gute Nacht sagen will. Aber Herr Conde und Miss Missouri Martin tanzen noch zusammen, und Miss Missouri Martin quatscht Herrn Conde stundenlang die Hucke voll, und wenn der Herr Conde auch kein Wort davon kapiert, was sie sagt, so macht das für Miss Missouri Martin doch fast gar nichts. Denn solange Miss Missouri Martin nur ungestört reden darf, ist es ihr völlig schnurz, ob jemand sie versteht oder nicht.

Frau Conde sitzt in einer Ecke mit »Herbert Bayard Swope«, nämlich Käsegesicht, der mit etwas Küchenlatein und mit Gesten aus ihr rauszukriegen versucht, ob ein tüchtiger Siebzehn-und-Vier-Spieler in Spanien wohl Aussichten hat, aber Frau Conde kann sich natürlich überhaupt keinen Vers darauf machen, was er eigentlich meint, deshalb mache ich mich schließlich auf die Suche nach Madame de la Hink.

Sie sitzt abseits ganz allein in einer schummrigen Ecke, und ich gewahre Richter Henry G. Blake, der sich tief über sie beugt, tatsächlich nicht eher, als bis ich fast über die beiden stolpere, deshalb kann ich auch nicht vermeiden, dem Richter seine Worte mitzukriegen.

»Seit zwei Tagen zerbrech ich mir den Kopf«, sagt er grade, »ob du dich vielleicht nicht doch an mich erinnerst. Weißt du, wer ich bin?«

»Und ob ich mich an dich erinnere«, sagt Madame de la Hink. »Ich erinnere mich – oh, so gut erinnere ich mich, Henry. Wie kann ich dich jemals vergessen! Aber ich hab nie gedacht, daß du mich nach all den Jahren wiedererkennst.«

»Zwanzig sind es jetzt her«, sagt Richter Henry G. Blake. »Wie warst du damals schön! Du bist immer noch schön.«

Na, ich seh schon, der gute alte Schampus wirkt bereits feste bei Richter Henry G. Blake, wenn er solche Töne redet, obgleich Madame de la Hink hier im Halbdunkel und mit dem Lächeln auf ihrem Gesicht gar nicht so übel aussieht, was das betrifft, wobei ich persönlich allerdings mehr für die jüngere Generation zu haben bin.

»Kind«, sagt Richter Henry G. Blake, »es ist alles nur deine Schuld. Warum mußt du auch hingehn und diesen Kerl mit der Konservenfabrik heiraten. Jetzt guck dir mal die Folgen an!«

Mir ist klar, es hat gar keinen Sinn, da reinzuplatzen, während Madame de la Hink und Richter Henry G. Blake so rührend ihre alten Herzensangelegenheiten auskramen, deshalb denk ich, ich verabschiede mich nur kurz von dem jungen Volk und lasse es damit bewenden, aber wie ich so nach Madame de la Hinks Baby und ihrem Kerl Ausschau halte, läuft mir Stutzer-David über den Weg.

»Die findest du hier nicht mehr«, sagt David. »In diesem Augenblick werden die beiden schon drüben in St. Marien getraut, mit meiner treuliebenden Gattin und dem Langen Nig als Trauzeugen. Wir haben ihnen gestern nachmittag nen Trauschein besorgt. Oder glaubst du etwa, die beiden Grünschnäbel wollen vorher erst noch um die ganze Welt reisen, bis sie endlich heiraten?«

Daß die beiden so heimlich durchbrennen, ruft natürlich ein paar Minuten lang riesige Aufregung hervor, aber schon am Montag steigen Herr und Frau Conde und die jungen Leute und Madame de la Hinks Schwester in den Zug nach Kalifornien und setzen ihre Weltreise fort, und sie hinterlassen uns überhaupt keinen Stoff mehr zum Klatschen, als wie nur den alten Richter Henry G. Blake und Madame de la Hink, die ebenfalls heiraten und nach Detroit ziehen, wo Richter Henry G. Blake angeblich einen Bruder mit einem Installationsgeschäft sitzen hat, der ihm eine Anstellung geben will, obgleich ich persönlich zwar eher glaube, Richter Henry G. Blake hat es mehr drauf abgesehen, auf eigene Rechnung einen kleinen Whiskyhandel über die kanadische Grenze aufzuziehn. Es sieht Richter Henry G. Blake nämlich gar nicht ähnlich, ausgerechnet im Installationsgewerbe vor Anker zu gehn.

Danach ist weiter nichts mehr zu berichten,

außer daß sich Stutzer-David einige Tage später mit einem großen Bogen Papier in der Flosse einfindet, und er hat eine kolossale Wut im Leib.

»Wenn nicht jeder einzelne Gegenstand, der hier aufgeführt ist, bis spätestens kommenden Dienstagabend an die Besitzer der verschiedenen Wohnungen im Marberry, aus denen sie geklaut sind, zurückgebracht wird, werde ich hier in der Gegend eine Menge Nasen zu Brei schlagen«, sagt David. »Ich bin im höchsten Maß empört, daß so eine Schweinerei auf einer von meinen gesellschaftlichen Veranstaltungen passiert, und alles ist auf der Stelle zurückzuerstatten. Vor allen Dingen«, sagt David, »der kleine Stutz-flügel, der aus Appartement 9-D entfernt worden ist.«

Der Fauxpas

Wenn Mr. Ziegfeld sich eine Puppe für seine Revue aussucht, dann steht die Betreffende, was ihr Aussehen betrifft, bestimmt über dem Durchschnitt, denn Mr. Ziegfeld ist durchaus kein Dummkopf, wenn es sich um die Wahl seiner Puppen handelt. Wie Mr. Ziegfeld aber Miss Midgie Muldoon ins Auge faßt, schlägt er selbst seinen eigenen Rekord oder kommt ihm doch mindestens gleich. Ich habe in meinem ganzen Leben keine hübschere Puppe gesehn als Midgie, obgleich sie etwas kleiner ist, als ich sie im allgemeinen liebe. Mein Typ sind Puppen, die so groß sind, daß man bei ihnen auch ein bißchen was in der Hand hat, und Miss Midgie Muldoon reicht einem Dackel nur grade eben bis an die Kniekehlen. Aber sie ist sehr niedlich, und ich kann es dem Schönen Jack Maddigan nicht verdenken, daß er verrückt auf sie ist.

Nun darf jede Puppe am Broadway wirklich überglücklich sein, wenn der Schöne Jack Maddigan ein Auge auf sie wirft, deshalb ist es höchst überraschend für alle Welt, daß Miss Midgie Muldoon ihm die kalte Schulter zeigt, besonders wenn man bedenkt, daß Miss Midgie

Muldoon nur eine kleine Tänzerin ist, während der Schöne Jack in New York ziemlich was darstellt. Als der Schöne Jack Miss Midgie Muldoon aber eines Abends in der Heißen Kiste durch Miss Billy Perry, Stutzer-Davids Gattin, sagen läßt, er möchte gern ihre Bekanntschaft machen, läßt Miss Midgie Muldoon dem Schönen Jack ausrichten, sie legt keinen Wert auf die Bekanntschaft mit schweren Jungs.

Diese Abfuhr bringt den Schönen Jack natürlich prompt auf die Palme. Aber Stutzer-David sagt, er soll sich doch überhaupt nichts draus machen, und ferner sagt David, die Abfuhr geschieht dem Schönen Jack ganz recht, weil er überall immer die große Klappe hat und sich als schwerer Junge aufspielt, und wenn David etwas auf den Tod nicht ausstehn kann, dann ist es, wenn einer dauernd damit renommiert, was für ein gefährlicher Bursche er ist, mag er in Wirklichkeit noch so gefährlich sein, und das ist der Schöne Jack ja nun wirklich. Er ist ein kräftiger, großer, blonder Kerl, der aus Hells Kitchen, New Yorks Teufelsküche, stammt, wie man diese Gegend nennt, und wenn er nur ein bißchen mehr Vernunft hätte, könnte er mit der Zeit ohne weiteres genauso ne dicke Rolle spielen wie Stutzer-David selbst, statt daß er immer nur für David arbeitet, aber der Schöne Jack ist gern immer piekfein in Schale, er säuft überall rum und quatscht, und wieviel Zaster er auch verdient, er bringt es scheints nie fertig, sein Geld mal ein bißchen zusammenzuhalten.

Ich persönlich lege keinen gesteigerten Wert darauf, mit dem Schönen Jack was zu tun zu haben, denn für meinen Geschmack ist er ein bißchen zu fix mit dem Schießeisen bei der Hand, und ich taxiere, das Beste, was man beim Umgang mit Kerls, die so fix mit dem Schießeisen bei der Hand sind, gewinnen kann, ist immer noch schlimm genug, deshalb mach ich jedesmal, wenn mir der Schöne Jack über den Weg läuft, lieber einen weiten Bogen um ihn. Aber es gibt ne Menge Leute auf dieser Welt, die nur zu gern mit solchen Typen verkehren, so zum Beispiel Basil Valentine.

Dieser Basil Valentine ist ein Knirps mit einer Hornbrille, der Artikel für Zeitschriften schreibt und persönlich ein ganz nettes Kerlchen ist, harmlos wie eine Blindschleiche, aber allzuviel Grips scheint er nicht zu haben, sonst würde er sich nicht dauernd mit dem Schönen Jack und ähnlichen Typen rumtreiben.

Wenn sich einer lang genug mit schweren Jungs abgibt, dann kann er sich gut eines Tages einbilden, vielleicht ist er selber auch so ein gefährlicher Kerl, und nach und nach bekommen andere Leute dann auch diesen Eindruck, und ehe man sichs versieht, kommt auf einmal jemand daher wie zum Beispiel Johnny Brannigan von der Kriminalpolizei und wichst ihm eine mit dem Gummiknüppel über die Birne, nur um mal eben festzustellen, wie gefährlich der Kerl eigentlich in Wirklichkeit ist. Wie ich sage, Basil Valentine ist ein ganz harmloser Kerl, aber nachdem er sich eine Weile mit dem Schönen Jack rumtreibt, hör ich eines Tages, wie Basil einen Piccolo fürchterlich anbrüllt, und höchstwahrscheinlich trainiert er darauf, demnächst auch mal einen Kellner anzubrüllen und dann vielleicht auch den Oberkellner, bis er sich dann schließlich für brutal genug hält, alle anderen Leute auch anzubrüllen.

Ich könnte hier eine Menge Kerls nennen, die an sich für honorige Leute gelten, aber dauernd mit Kerls rumsitzen, die als schwere Jungs angesehn werden, und warum das so ist, kann ich nicht mal sagen, aber eines Abends spreche ich mit Waldo Winchester, dem Zeitungsfritzen, über diese Frage, und Waldo Winchester, der in vieler Beziehung ein ziemlich heller Kopf ist, sagt, das ist das, was man den Unterwelts-Komplex nennt. Waldo Winchester behauptet, viele honorige Leute interessieren sich mächtig dafür, was die schweren Jungs alles treiben, und denken, sie sind furchtbar romantisch, und er sagt, wenn ich das nicht glauben will, soll ich doch nur mal all den Quatsch lesen, den die Zeitungen drucken, wo sie aus den schweren Jungs direkte Heroen machen.

Waldo Winchester sagt, der Unterwelts-Komplex ist ein sehr verbreiteter Komplex, und Basil Valentine hat ihn, und Miss Harriet Mackyle hat ihn ebenfalls, sonst steckte sie nicht dauernd ihre Nase in Lokale rein, wo schwere Jungs rumsitzen. Miss Harriet Mackyle ist eine von diesen reichen Puppen, die enganliegende Abendkleider tragen und einen Bubikopf haben, bei dem die Ohren zu sehen sind, und sie hockt immer irgendwo in den Nachtlokalen rum, meistens in Gesellschaft so eines Kavaliers mit einem Schnurrbärtchen, der sich bemüht, wie ein Engländer zu reden, und wenn ich mirs recht überlege, sehe ich sie tatsächlich allerhand oft in diesen Unterweltslokalen, und sie sagt Hallo zu allen möglichen Leuten, zu denen kein Mensch, der sie halbwegs alle beisammen hat, überhaupt Hallo sagt, darunter zum Beispiel zu einem Kerl wie dem Roten Henry, der vor kurzem aus Sing-Sing zurück ist, wo er eine längere Kur durchmachen muß, weil er jemand was aus dem Geldschrank nimmt und den Geldschrank zu diesem Zweck vorher aufknackt.

Tatsächlich sehe ich Miss Harriet Mackyle eines Nachts im Herz-und-Blumen-Klub tanzen, der nun wirklich eine ziemliche Räuberhöhle ist, und mit wem tanzt sie? Ausgerechnet mit dem Roten Henry, und als ich Waldo Winchester frage, wie er sich diese Kombination erklärt, sagt er, da haben wir diesen Unterwelts-Komplex, von dem er mir neulich erzählt. Miss Harriet

Mackyle hält es wahrscheinlich für eine fabelhafte Sache, wenn sie ihren eleganten Freunden berichten kann, sie tanzt mit einem Geldschrankknacker, obgleich ich mir persönlich, wenn ich schon mit einem Geldschrankknacker tanze, was sehr unwahrscheinlich ist, bestimmt einen sympathischen Geldschrankknacker aussuche und nicht grade den Roten Henry, weil dieses Ferkel keine Badewanne sieht, seit er aus Sing-Sing raus ist, und er ist schon seit mehreren Monaten wieder zurück aus Sing-Sing.

Eine, die, soweit ich ausmachen kann, von Waldo Winchesters Unterwelts-Komplex nicht viel an sich zu haben scheint, ist Miss Midgie Muldoon, denn die sehe ich nie in irgendwelchen Nachtlokalen rumsitzen, außer in solchen wie der Heißen Kiste und dem Klub der Dreihundert, die beide als sehr anständige Lokale gelten und auch als einigermaßen ungefährlich für jeden, der sich nicht zu sehr daneben benimmt, und Miss Midgie Muldoon ist immer mit sehr anständigen Kerls zusammen, wie zum Beispiel Buddy Donaldson, dem Schlagerkomponisten, oder Walter Gumble, der in Paul Whitemans Kapelle Posaune bläst, oder vielleicht manchmal auch mit Paul Hawley, dem Schauspieler.

Außerdem hält sich Miss Midgie Muldoon, wenn sie in solche Lokale geht, immer sehr zurück, und den Schönen Jack Maddigan übersieht sie immer mit Fleiß, wodurch Jack nur noch mehr Feuer fängt. Dies ist scheints das erste Mal, daß dem Schönen Jack eine Puppe über den Weg läuft, die ihm nicht gleich an den Hals fliegt, und er ist sehr unsicher, was er in so einer Situation machen soll.

Was passiert eines Tages? Stutzer-David kommt zu mir und spricht zu mir wie folgt: »Hör mal«, sagt David, »diese Puppe da, diese Miss Harriet Mackyle, ist eine meiner besten Kunden für erstklassige Ware, und sie zahlt immer ganz prima, und jetzt will sie, daß ich ihr einen Gefallen tun soll. Sie schmeißt Sonntagabend in ihrer Wohnung in der Park Avenue eine Fete, und sie wünscht, daß ich ein paar Leute von der Innung dazu einladen soll. Geh doch bitte mal los und sag so etwa einem Dutzend Kerls Bescheid, sie sollen hinkommen, und sie sollen ihren Smoking anziehn und sich nicht zu viel rausnehmen, denn ein großer Whisky- und Sektauftrag ist bei der Geschichte mit drin.«

Nun ist an so einer Fete durchaus nichts Ungewöhnliches, obgleich es meistens irgendwelche Geldsäcke sind, die sie geben, statt ner Puppe, und die laden dann Kerls vom Broadway mit dazu ein, um ihren Spezis vorzuführen, was sie alles für Beziehungen haben. Waldo Winchester sagt, sie tun das, um ihren Feten Farbe zu verleihen, obwohl mir rätselhaft ist, wo da die Farbe bleibt, denn die Sorte Broad-

way-Kerls, die überhaupt zu so einer Fete hingehn, sitzen meist nur stur dabei rum und
machen die Klappe nicht auf und benehmen
sich sehr wohlerzogen, weil sie taxieren, daß sie
nur rumgezeigt werden sollen wie auf dem
Jahrmarkt, und das einzige Mittel, wie man sie
überhaupt zu so einer Fete hinkriegen kann, ist
nur, wenn man solche Verbindungen hat wie
zum Beispiel Miss Harriet Mackyle zu Stutzer-
David.

Aber das spielt ja keine Rolle. Ich laufe jedenfalls überall rum und erzähle einer Menge Kerls,
was Stutzer-David von ihnen will, und unter anderem gehe ich auch beim Schönen Jack vorbei,
der über die Einladung mächtig entzückt ist,
denn für den gibt es nichts Schöneres, als wenn
er irgendwo hingehen darf, wo er feste angeben
kann. Außerdem bildet der Schöne Jack sich ein,
Miss Harriet Mackyle ist mächtig scharf auf ihn,
weil sie ihm manchmal Kulleraugen macht,
wenn sie ihn im Klub der Dreihundert oder
sonst irgendwo trifft, aber das macht sie ja genauso mit dem Langen Nig und einer Menge
anderer Kerls, die ich hier nennen könnte, denn
das ist gar nichts weiter als Miss Harriet
Mackyles zweite Natur. Aber selbstverständlich
erwähne ich davon gegenüber dem Schönen Jack
überhaupt keinen Ton. Basil Valentine ist grade
bei Jack, als ich ihn einlade, also sage ich zu Basil,
er soll doch ruhig auch mitkommen, weil ich

nicht möchte, daß er mich etwa für hochnäsig hält.

Wie es sich trifft, ist Basil einer der ersten Gäste, die Sonntagabend in Miss Harriet Mackyles Wohnung eintrudeln, wo ich schon bereitstehe, um beim Ausladen des Whiskys und des Champagners behilflich zu sein und Miss Harriet Mackyle die Brüder, die ich einlade, vorzustellen. Allerdings finde ich, daß wir in dem Gedränge von lauter Kerls mit kleinen Schnurrbärten und von Puppen in Abendkleidern, die eine ganze Menge freilassen, beinah untergehn. Der ganze Broadway ist scheints zugegen, dazu ein Haufen Menschen von der Park Avenue, und Mr. Ziegfelds Revue ist besonders stark vertreten, und in seinem Gefolge entdecke ich Miss Midgie Muldoon, obgleich ich mich auf die Zehenspitzen stellen muß, um sie zu sehn, weil sie von einem ganzen Schwarm von Männern mit kleinen Schnurrbärten umlagert wird, und ihr Interesse an Miss Midgie Muldoon beweist, daß sie doch nicht ganz so dämlich sind, wie sie aussehn, selbst wenn sie tatsächlich kleine Schnurrbärte tragen.

Es ist eine sehr große Wohnung, und das erste, was mir auffällt, ist ein großer grüner Papagei. Dieser Papagei schaukelt in einem Ring hin und her, der in einer Ecke des größten Zimmers von der Decke runterbaumelt. Der Anlaß, warum mir dieser Papagei auffällt, ist, weil er von Zeit zu Zeit ein Gekrächze ausstößt und allerhand Redensarten von sich gibt, wie zum Beispiel: »Polly möchte einen Zwieback.« Außerdem hängen noch eine Menge Kanarienvögel in dem Laden rum, woraus ich folgere, Miss Harriet Mackyle hat für Tiere ebensoviel übrig wie für ausgefallene Typen von der Sorte, wie sie sie heute als Gäste bei sich hat.

Ich bin nicht wenig überrascht, als ich plötzlich den Roten Henry im tadellosen Smoking und in Lackschuhen unter den Gästen entdecke. Ich lade Henry nicht ein, also nehme ich an, daß Miss Harriet Mackyle das selber besorgt, oder vielleicht hört er auch nur von der Fete und drängt sich einfach von selber mit rein. Ich persönlich halte es für äußerst geschmacklos vom Roten Henry, daß er sich hier blicken läßt, und jedermann, der ihn kennt, ist auch meiner Ansicht, obgleich er sich ziemlich zurückhaltend zu benehmen scheint.

Dann, als die eigentliche Trinkerei endlich los geht und all und jeder sich prächtig amüsiert, kommt Miss Harriet Mackyle zu mir hin und spricht zu mir wie folgt:

»So, jetzt erzählen Sie mir bitte mal was über Ihre diversen Freunde, so daß ich meine anderen Gäste ins Bild setzen kann. Das wird fürchterlich interessant für sie sein, all diese schlechten Menschen persönlich kennenzulernen.«

»Also los«, sage ich, »sehen Sie zum Beispiel

den kleinen Kerl da drüben, der Sie immer so anglotzt, als ob Sie ein Geist sind oder so was Ähnliches? Das ist kein anderer als der böse Basil Valentine, der einen umlegt, ehe man noch piep sagen kann, und vielleicht sogar noch schneller. Er ist zweifellos der Gefährlichste heute abend hier oder überhaupt in ganz New York, was das betrifft. Jawohl, meine Dame«, sage ich, »der Böse Basil ist ein ganz lebensgefährlicher Bursche, wenn er im Augenblick auch zehnmal ganz harmlos aussieht. Der Böse Basil legt schon viele, viele Leute in seinem Leben um. Glauben Sie mir, Miss Mackyle«, sage ich, »der Böse Basil kann überhaupt nicht schlafen, wenn er einen Tag mal niemand umgelegt hat.«

»Mein Himmel!« sagt Miss Mackyle und guckt sich Basil sehr genau an. »Auf den ersten Blick sieht er gar nicht so schlimm aus. Jetzt allerdings, wo ich ihn mir genauer ansehe, entdecke ich, glaube ich, doch einen ganz gefährlichen Ausdruck in seinen Augen.«

Na, Miss Harriet Mackyle kann nicht schnell genug von mir wegkommen, und im nächsten Augenblick schon hat sie Basil Valentine umzingelt, und sie beißt ihm fast das Ohr ab, dermaßen schnattert sie auf ihn ein, und jeder sieht sofort, daß Basil sich durch diese Aufmerksamkeit mächtig gebauchpinselt fühlt. Basil ist tatsächlich total aus dem Häuschen, wenns je einer gewesen ist, und persönlich nehme ich ihm das gar nicht so übel, denn wenn Miss Harriet Mackyle zwar auch nicht aussieht wie eine Million, so hat sie doch etliche davon auf der Bank, und ihr Abendkleid läßt genug von ihrer Figur erkennen, daß man sieht, von irgendwelchem Ersatz kann bei ihr nicht die Rede sein.

So gegen ein Uhr ist die Gesellschaft im besten Schwung, als plötzlich der Schöne Jack Maddigan mit einem ganz sauberen Zacken reingesegelt kommt, und nach fünf Minuten schwirrt er überall rum, trinkt alles, was man ihm anbietet, und schmeißt sich mächtig an alle Puppen ran und redet schrecklich laut. Er ist allerhand eingeschnappt, als ihm aufgeht, daß Miss Harriet Mackyle ihn ziemlich links liegenläßt, weil er sich einbildet, im Moment, wo er erscheint, wird sie sofort alle anderen für ihn stehenlassen, aber Miss Harriet Mackyle hat für niemand ein Ohr als nur für Basil Valentine, den sie grade darüber ausfragt, wie er in Chicago ein halbes Dutzend von Al Capones Verein umlegt, als er sich zufällig mal auf einer Vergnügungsreise dort aufhält.

Während der Schöne Jack nun eine Stinkwut darüber hat, daß Miss Harriet Mackyle ihn vor Basil Valentine so zurücksetzt, und sich gar nicht vorstellen kann, wie Basil dazu kommt, so dicke mit ihr zu sein, läuft ihm der Rote Henry über den Weg und pflaumt ihn ganz gewaltig deswegen an, daß Basil ihm den Rang abläuft, worauf der Schöne Jack dem Roten Henry einen Kinnhaken versetzt, daß dieser Miss Midgie Muldoon, die von einem Haufen kleiner Schnurrbärte umringt auf einem Sessel sitzt, direkt auf den Schoß fliegt.

Natürlich ruft dieser Zwischenfall momentan einige Aufregung hervor. Aber wie Miss Midgie Muldoon die Sache hinnimmt, ist doch ganz erstaunlich. Sie wischt den Roten Henry sozusagen nur eben wie Staub von ihrem Schoß runter, steht auf, die kleine halbe Portion, blickt dem Schönen Jack äußerst kühl ins Auge und sagt: »Hach, einer von diesen Salon-Gangstern.« Dann schwebt sie ab und läßt den Schönen Jack mit offenem Maul dastehn, denn der ahnt ja bis zu diesem Augenblick noch gar nicht, daß Miss Midgie Muldoon auch anwesend ist.

Also irgend jemand setzt den Roten Henry an die frische Luft, und die Party nimmt ihren Fortgang, aber ich seh den Schönen Jack ganz verlassen rumwandern und längst nicht mehr mit der alten Anfangsgeschwindigkeit, mit der er reinkommt. Irgendwie vermute ich, der Schöne Jack sucht nach Miss Midgie Muldoon, aber die hält sich abseits zwischen den kleinen Schnurrbärten, und schließlich nimmt der Schöne Jack seine Zuflucht zum Rebensaft, um seinen Mumm wiederzufinden. Er kommt auch wieder ganz schön auf Touren, und als er plötzlich auf Miss Muldoon stößt, die grade mal einen

Augenblick allein rumsteht, fühlt er sich sehr unternehmungslustig und spricht zu ihr wie folgt: »Hallo, mein schönes Kind, spielst du etwa die Unnahbare bei mir?« Aber Miss Midgie Muldoon guckt ihm nur noch mal ins Auge und sagt: »Ach, schon wieder der Salon-Gangster! Hauen Sie ab, Herr Schwerer Junge. Ich mach mir nichts aus schweren Jungs.«

Na, das klingt eigentlich nicht grade besonders ermutigend, aber der Schöne Jack ist nicht der Mann, der sich bei den Puppen so leicht abschrecken läßt, und er will sie grade noch ein bißchen mehr in die Mache nehmen, als plötzlich eine Stimme »Ha-ha-ha« macht und fortfährt: »Hallo, Dummkopf!«

Natürlich ist das nur der Papagei, der das ruft, und er wiederholt gleich noch mal: »Ha-ha-ha, hallo, Dummkopf!« Natürlich meint der Papagei, dessen Name sich als Polly rausstellt, gar nicht den Schönen Jack damit, aber natürlich weiß der Schöne Jack nicht, daß der Papagei ihn gar nicht meint, und er fühlt sich selbstverständlich schwer beleidigt. Außerdem hat er schwer Sekt geladen. Daher zückt er a tempo das alte Schießeisen und ballert auf Polly los, und im nächsten Augenblick fliegen die grünen Federn durch den ganzen Laden, und der arme alte Mister Polly, oder meinetwegen auch Missis Polly, liegt am Boden und streckt alle Glieder von sich, mausetot wie ein altes Stück Eisen.

Noch nie im Leben seh ich eine Puppe so in Rage wie Miss Harriet Mackyle, als sie entdeckt, daß es aus ist mit ihrem Polly, und was der Schöne Jack alles von ihr zu hören kriegt, ist wirklich sehr kränkend und ziemlich reichlich, und um ein Haar endet die Sache noch damit, daß der Schöne Jack Miss Harriet Mackyle schließlich eine in die Visage knallt, aber er überlegt sich noch rechtzeitig, daß er bereits einen gewaltigen Fauxpas begeht, indem er den Papagei über den Haufen schießt, und nun will er die Sache nicht noch schlimmer machen.

Jedenfalls steht Miss Midgie Muldoon da und guckt den Schönen Jack aus ihren großen runden Augen an, und zwar, wie mir Waldo Winchester, der Zeitungsfritze, hinterher erzählt, voll tiefster Verachtung, und mir kommt es so vor, als ob dem Schönen Jack Miss Midgie Muldoons Blicke viel, viel peinlicher sind als das, was Miss Harriet Mackyle zu ihm sagt. Aber Miss Midgie Muldoon sagt keinen Ton. Sie guckt ihn nur eine gute Weile an, und dann geht sie schließlich weg, und mir kommt es so vor, als ob sie jeden Augenblick in Tränen ausbrechen will, vielleicht weil ihr Polly so leid tut.

Dem Schönen Jack sein Fauxpas bringt die Gesellschaft natürlich zum Platzen, denn Miss Harriet Mackyle will nicht riskieren, daß der Schöne Jack womöglich auch noch ihre Kanarienvögel abknallt, und so gehn wir denn alle nach Haus und überlassen Miss Harriet Mackyle ihren Tränen über die Reste von Polly, soweit sie noch welche findet, und Basil Valentine hilft ihr weinen, und ich finde das sehr kameradschaftlich von Basil, was das betrifft.

Nach ein paar Abenden kommt Basil in Mindys Restaurant rein, wo ich grade mit dem Schönen Jack sitze, und jedermann sieht auf den ersten Blick, daß Basil über irgendwas schrecklich beunruhigt ist.

»Jack«, sagt er, »Miss Harriet Mackyle ist sehr, sehr böse auf dich, daß du Polly neulich totschießt. Ja, sie hat einen direkten Haß auf dich, denn Polly ist ein altes Familienerbstück.«

»Schön«, antwortet Jack, »sag ihr, ich lasse sie um Verzeihung bitten, und ich werde ihr einen neuen Papagei besorgen, sobald ich ihn bezahlen kann. Momentan bin ich nämlich völlig pleite. Sag ihr, daß es mir wirklich furchtbar leid tut, obgleich«, sagt Jack, »ihr Papagei durchaus kein Recht hat, mich einen Dummkopf zu nennen, das wird mir wohl jeder zugeben.«

»Miss Harriet Mackyle liegt mir täglich in den Ohren, ich soll dich niederknallen, Jack«, sagt Basil. »Sie denkt, ich bin ein ganz schwerer Junge, der jeden ohne viel Federlesens niederknallt, und jetzt verlangt sie von mir, ich soll dich niederknallen. Ja, sie nimmt es mir sogar ziemlich krumm, daß ich dich nicht auf der Stelle umlege, als du den armen Polly niederknallst, aber ich mach ihr natürlich klar, daß ich damals grade keine Pistole bei mir habe. Jetzt sagt Miss Harriet Mackyle, wenn ich dich nicht niederknalle, wird sie mich nicht lieben können, und ich wünsche mir wahnsinnig, daß Miss Harriet Mackyle mich liebt, denn ich bin einfach total verrückt nach ihr. Ich möchte dich deshalb gern mal fragen, Jack«, sagt Basil, »was du eventuell dafür haben willst, wenn du stille hältst und dich von mir niederknallen läßt.«

»Hör mal«, antwortet der Schöne Jack völlig verblüfft, »du hast sie wohl nicht mehr alle beisammen!«

»Selbstverständlich meine ich doch nicht, daß ich dich richtig niederknalle, Jack«, sagt Basil. »Ich meine, daß ich vielleicht mit einer leeren Patrone auf dich schieße, damit Miss Harriet Mackyle denkt, ich knall dich tatsächlich nieder, wofür sie mir dann ewig dankbar sein wird. Ich glaube, ich kann dir vielleicht fünfzehnhundert Dollar für die Sache zahlen, obwohl dieser Betrag fast meine gesamten Ersparnisse darstellt.«

»Mensch«, sagt der Schöne Jack, »dein Vorschlag klingt eigentlich doch ganz vernünftig. Ich zerbreche mir sowieso grade den Kopf, wie ich an ein paar Eier komme, um Miss Midgie Muldoon eine Brosche oder irgendwas Schönes zu schicken und zu versuchen, ob ich mich damit nicht ein bißchen an sie ranmachen kann. Sie spielt nämlich immer noch mächtig die Gleichgültige mir gegenüber. Also sag man lieber gleich zwei Mille, wo du schon mal dabei bist.«

Schließlich läßt Basil Valentine sich wirklich breitschlagen, die zwei Mille zuzusagen. Außerdem verspricht Basil, den Zaster im voraus bei Stutzer-David oder sonst einer zuverlässigen Person zu hinterlegen, weil es sich hier ja um ein ziemlich ungewöhnliches Geschäftsabkommen handelt und der Schöne Jack seine Interessen begreiflicherweise voll und ganz gewahrt wissen möchte.

Die Angelegenheit soll also ein paar Nächte später in der Heißen Kiste steigen, und alle Einzelheiten werden aufs sorgfältigste vorher festgelegt. Man kommt überein, daß Basil mit Miss Harriet Mackyle nach dem offiziellen Lokalschluß in die Heiße Kiste kommen soll, wenn voraussichtlich nicht mehr allzu viel Leute da sitzen, und dann soll er dort auf den Schönen Jack treffen. Sofort soll Basil seine Pistole ziehn und auf den Schönen Jack feuern, und der Schöne Jack soll so tun, als ob er getroffen ist, und in dem allgemeinen Durcheinander soll Basil mit Miss Harriet Mackyle dann sofort wieder aus dem Lokal verschwinden.

Der Schöne Jack verspricht, sich danach ein paar Wochen lang nicht blicken zu lassen, so daß es so aussieht, als ob er tot ist, und Basil taxiert, Miss Harriet Mackyle wird ihm inzwischen so dankbar sein, daß sie in großer Liebe zu ihm entflammt und ihn vielleicht sogar heiratet, was für Basil letzten Endes der Zweck des ganzen Unternehmens ist.

Inzwischen hat sich schon mehr oder weniger rumgesprochen, was da vor sich gehen soll, und im Laufe der Nacht stellt sich eine ganze Menge Kerls in der Heißen Kiste ein, darunter auch Stutzer-David, dem die Sache anscheinend einen knalligen Spaß macht. Wer aber taucht plötzlich noch auf, und ganz unerwartet? Miss Midgie Muldoon, begleitet von Buddy Donaldson, dem Schlagerkomponisten.

Der Schöne Jack ist völlig außer Fassung, daß Miss Midgie Muldoon da ist, aber sie denkt nicht daran, ihm überhaupt auch nur einen flüchtigen Blick zuzuwerfen. Infolgedessen fängt der Schöne Jack an, allerhand Whisky zu kippen, und alle machen sich schon die größte Sorge, ob er auch stillhalten wird, wenn Basil Valentine auf ihn knallt, und wenns auch zehnmal nur mit ner leeren Patrone ist. Die Heiße Kiste schließt um drei Uhr früh, und außer den Stammgästen wird dann immer alles rausgesetzt. Deshalb sind um halb vier nur noch etwa ein Dutzend Kerls und Puppen im Lokal, als auf einmal Basil Valentine und Miss Harriet Mackyle erscheinen.

Der Schöne Jack steht zufällig grade mit dem Rücken zur Tür, nicht weit von dem Tisch entfernt, an dem Miss Midgie Muldoon und Buddy Donaldson sitzen, wie die beiden reinkommen, und Basil ruft sofort mit reichlich bibbernder Stimme: »Schöner Jack Maddigan, deine Stunde hat geschlagen!« Der Schöne Jack dreht sich daraufhin um, und tatsächlich, da steht Basil Valentine und zerrt eine riesige Knarre aus seiner Hüfttasche raus.

Ehe jemand merkt, was los ist, ertönt ein Schrei, und eine Puppe ruft: »Jack! Paß auf, Jack!« und auf von ihrem Stuhl und rüber zum Schönen Jack spritzt Miss Midgie Muldoon, und grade als Basil endlich die Knarre hoch hat und abdrückt, springt Miss Midgie Muldoon direkt vor Jack hin und streckt dabei die Arme nach beiden Seiten aus, wie um ihn mit ihrem Körper zu decken.

Also, die Pistole in Basils Hand macht Bums, aber statt umzufallen, wie verabredet, bleibt der Schöne Jack mit offenem Maul stehen und starrt auf Miss Midgie Muldoon, denn er weiß nicht, was er daraus machen soll, daß sie zwischen ihn und die Pistole springt. Und es ist sogar sehr gut, daß er nicht umfällt, weil er so Miss Midgie Muldoon auffangen kann, die bereits am Umkippen ist. Zuerst denken wir, sie ist vielleicht nur ohnmächtig geworden, aber sie hat ein ausgeschnittenes Kleid an, und über ihre linke Schulter verbreitet sich langsam ein roter Fleck, und dieser rote Fleck ist natürlich Blut, und wie der Schöne Jack sie auffängt, spricht sie zu ihm wie folgt: »Halte mich, Liebling, ich bin getroffen.«

Das ist allerdings ein Schlag ins Kontor und gehört nun wirklich nicht mit dazu. Basil Valentine steht am Eingang, den Schießprügel in der Flosse, und sieht völlig verdattert aus und macht keinerlei Anstalten, Miss Harriet Mackyle aus dem Lokal rauszubringen, wie er das eigentlich sofort nach dem Schuß tun soll, und Miss Harriet Mackyle kreischt ein paarmal markerschütternd auf und erklärt, sie denkt doch nie im Leben, daß Basil sie ernst nehmen und tatsächlich jemand für sie abknallen wird, obgleich sie, wie sie hinzufügt, seine Aufmerksamkeit im übrigen sehr zu schätzen weiß, was das betrifft.

Basil steht da und zerbricht sich offensichtlich den Kopf darüber, was hier eigentlich passiert sein kann, als Stutzer-David, der jeder Situation ohne weiteres gewachsen ist, schnell einen Blick auf Miss Midgie Muldoon wirft und dann durch den ganzen Raum auf Basil zusaust und ihn am Kragen packt. »Du Lump!« brüllt David Basil an, »du hast ihn ja doch umbringen wollen. Das ist keine leere Patrone, die du da abgeschossen hast, sondern du hast scharf geschossen, und du hast Miss Midgie Muldoon in die Schulter getroffen.«

Basil bietet natürlich keinen sehr erhebenden Anblick, als Stutzer-David ihn sich vornimmt, und Miss Harriet Mackyle kreischt noch ein paarmal mit besonderer Lautstärke los, bis Basil endlich sagt: »Mein Gott, David«, sagt er. »Ich hab ja gar keine Ahnung, daß das Ding wirklich geladen ist. Die Wahrheit ist, ich vergesse bis zur letzten Minute völlig, mir eine Pistole zu besorgen, und wie ich mich nach einer umgucke, kommt grade der Rote Henry und er sagt, er will mir seine pumpen. Ich erkläre ihm noch, daß es sich bei der ganzen Geschichte nur um einen Ulk handelt, und sage ihm, daß ich leere Patronen brauche, und er ist noch so freundlich und nimmt direkt vor meinen Augen die Kugeln aus den Patronen raus und macht sie blind.«

»Also muß er sie dir vor der Nase blitzschnell wieder ausgetauscht haben«, antwortet Stutzer-David. »Der Rote Henry ist nämlich immer noch furchtbar erbittert gegen Jack, weil der ihm neulich doch den Kinnhaken gibt.« Darauf nimmt David Basil die Knarre aus der Hand und holt den Ladestreifen raus, und richtig, es sind genug Kugeln drin, um ein ganzes Boot zu versenken, und nicht eine einzige leere Patrone, worüber Basil Valentine nicht schlecht erstaunt ist.

»Los jetzt«, sagt David, »hau schleunigst ab, ehe Jack spitzkriegt, was passiert, und laß dich nicht eher wieder blicken, als bis du von mir hörst, denn wenn Miss Midgie Muldoon abkratzt, kann allerhand Gerede entstehen. Und außerdem«, sagt David, »schaff endlich diese Heulboje aus dem Haus.«

Ohne Zweifel hat Stutzer-David eine Stinkwut im Leib, und das bleibt auch so, bis sich rausstellt, daß Miss Midgie Muldoon nur leicht angeritzt ist und überhaupt nicht in Lebensgefahr schwebt. Wir bringen sie in die nächste Poliklinik rüber, und ein Kerl dort holt ihr die Kugel aus der Schulter, und wir lassen sie mit dem Schönen Jack allein, der sie fest in den Armen hält und ihr schwört, nie wieder will er den schweren Jungen markieren, sondern ihr von Basil Valentines zwei Mille ein nettes kleines Heim kaufen und sich eine Stellung suchen und sein bisheriges Leben für immer aufgeben, was alles soweit ganz ordentlich zu klingen scheint.

Es dauert zwei Jahre, bis wir wieder was von Miss Harriet Mackyle hören, und zwar ist sie da bereits längst Mrs. Basil Valentine, und sie wohnt in Neapel in Italien drüben, und die Leute wundern sich mächtig darüber, daß Mrs. Basil Valentine Mr. Basil Valentine überhaupt nicht gestattet, mit Kerls zu verkehren, die älter sind als zehn Jahre, und der gefährlichste Gegenstand, den Basil in die Hand nehmen darf, ist ein Golfschläger.

Und das dürfte wohl alles sein, was diese Geschichte betrifft, nur daß Stutzer-David, als der Schöne Jack Maddigan und Miss Midgie Muldoon vor dem Altar stehn und von Pater Leonard getraut werden sollen, die beiden einen Augenblick prüfend anguckt, und dann wendet er sich zu mir und redet zu mir wie folgt: »Guck mal hin«, sagt David, »und dann sag mir, wie hoch reicht Miss Midgie Muldoons Schulter an Jacks linker Seite?«

»Mensch«, sage ich, »ihre Schulter reicht Jack ja genau bis ans Herz.«

»Siehste«, sagt David, »also ist es doch gar nicht mal so schlecht für Jack, daß sie Basils Kugel abfängt, was das betrifft.«

Lily von St. Pierre

Eines Dienstags, so gegen vier Uhr morgens, sitzen wir zu vieren in Amüsier-Charly Bernsteins kleiner Kneipe in der Achtundvierzigsten Straße und singen ein bißchen Quartett, ganz leise, um den Blauen vom Revier draußen nicht zu stören, einen hochanständigen Kerl namens Carrigan, der zu dieser nächtlichen Zeit gern seine Ruhe hat.

Amüsier-Charlys kleine Kneipe heißt die Kristall-Bar, obgleich natürlich keine Spur von Kristall in dem Laden zu finden ist, sondern nur zwölf Tische und zwölf Animierdamen, denn Amüsier-Charly steht auf dem Standpunkt, daß seine Gäste viel Geselligkeit haben sollen.

Also hat er für jeden Tisch eine Animierdame, und wenn zwölf verschiedene Gäste da sind, was selten vorkommt, dann hat jeder Gast seine Dame, mit der er sich unterhalten kann. Und wenn nur ein Gast da ist, hat er alle zwölf Damen auf dem Hals, mit denen er klönen und für die er was zu trinken bestellen kann, und nie soll ein Gast weggehen und behaupten dürfen, er habe sich bei Amüsier-Charly einsam gefühlt.

Ich persönlich gebe keinen Sechser dafür, mich mit Amüsier-Charlys Animierdamen, sei es einzeln, sei es mit der ganzen Blase, zu unterhalten, denn keine davon ist besonders reizvoll, und ich taxiere, sie müssen eine wie die andere reichlich doof sein, sonst würden sie nicht als Animierdamen in Amüsier-Charlys kleiner Kneipe arbeiten. Ich komme mal zufällig mit Amüsier-Charly drauf zu sprechen, und er muß mir zugeben, daß ich wahrscheinlich recht habe, aber, sagt er, es ist verflixt schwierig, lauter Marlene Dietrichs für fünfundzwanzig Eier pro Woche zu kriegen.

Natürlich bestelle ich bei Amüsier-Charly nie was zu trinken, weder für die Animierdamen noch für sonst jemand, und am wenigsten für mich selber, denn ich bin ein persönlicher Freund von Amüsier-Charly, und er würde mir sowieso keine Getränke verkaufen, selbst wenn ich welche bestellen würde, was sehr unwahrscheinlich ist, weil Amüsier-Charly taxiert, daß jeder, der Getränke bei ihm bestellt, diese Getränke höchstwahrscheinlich auch trinkt, und Charly sieht es nicht gern, wenn einer von seinen persönlichen Freunden in seinem Lokal Getränke trinkt. Wenn einer von seinen persönlichen Freunden was trinken will, schickt Charly ihn immer in Jack Forgatys kleine Spelunke, nur ein paar Häuser weiter, und dann geht Charly sogar meistens mit.

Deshalb geh ich nur dann zu Amüsier-Charly, wenn ich mich mal mit ihm unterhalten will und wenn ich bei ihm Quartett singe. Vor fünf Uhr morgens sind nur selten Gäste bei Amüsier-Charly, sondern erst, wenn alle anderen Lokale zugemacht haben, und dann geht es manchmal wirklich hoch her in dem Laden, und um die Zeit ist er dann nicht der geeignete Ort zum Quartett-Singen, weil alles, was drum rumsitzt, immer gleich mit einstimmen will, und das ruiniert die Harmonie. Aber bis kurz vor fünf ist es in Ordnung, weil da nur die Animierdamen rumsitzen, und natürlich wagt von denen keine mitzusingen, sonst würde Amüsier-Charly sie hochkantig rausschmeißen.

Wenn es eine Beschäftigung gibt, die mir über alles geht, dann ist es Quartett-Singen. Ich singe Bariton und darf von mir behaupten, daß ich sogar einen sehr schönen Bariton besitze, was das betrifft. An dem bewußten Morgen, von dem ich rede, singen wir eine Menge Lieder wie »Süße kleine Lügen« und »Der alte eichene Eimer« und »Pappis Blechnapf« und »Cloe« und »Melancholy Baby«, und ich weiß nicht, was noch alles, einschließlich »Home, sweet Home«, obgleich wir das nicht ganz so schön können, weil keiner von uns den Text richtig weiß und wir die meiste Zeit nur ho-humm-humm, ho-humm-humm machen, wie das fast alle Leute tun, wenn sie »Home, sweet Home« singen.

Ferner singen wir auch: »Ich kann dir nichts als Liebe schenken, Baby«, ein für Quartett

wundervoll geeignetes Lied, besonders wenn
jemand dabei ist, der einen schönen Baß singt,
wie das bei Amüsier-Charly der Fall ist, der an
jede Zeile ein dröhnendes Bum-Bum ranhängt,
etwa wie folgt:

Ich kann dir nichts als Lihihiebe schenken,
Bä-hä-by-
Bum-Bum!

Ich bin derjenige, der dabei die letzten Worte
aushält, nämlich Liebe und Baby, und man kann
meinen prächtigen Bariton wirklich weithin
hören, besonders, wenn ich die Worte dann noch
ein bißchen ordentlich auswalze, wie Bä-häää-
by-y-y. Und wenn Amüsier-Charly dann mit
seinem Bum-Bum einfällt, dann können wir uns
tatsächlich überall damit hören lassen.

Und natürlich landen wir dann schließlich bei
den Schmachtfetzen, wie das ja bei Männern, die
Quartett singen, gar nicht ausbleiben kann, vor
allem um vier Uhr morgens. Schmachtfetzen
sind Lieder, die die Kerls dann singen, wenn in
ihrer Brust dumpfe Verzweiflung wühlt, weil sie
mit ihrer Puppe Krach gehabt haben.

Wenn ein Kerl mit seiner Puppe Krach hat, sei
sie nun sein Mädchen oder vielleicht sogar seine
treuliebende Gattin, dann tobt bittere Verzweiflung in seiner Brust, und er ist zu keinem vernünftigen Gedanken mehr fähig. Ja, ich kenne

Kerls, die in ihrer Verzweiflung stundenlang rumirren und überhaupt nichts davon wissen. Es ist erstaunlich, welche Strecken so ein Liebeskranker zurücklegen kann, wenn er in der Gegend rumirrt und immer nur darüber grübelt, ob seine Puppe mit nem andern Kerl ausgeht, und jeder weiß, daß die Eifersucht um vier in der Nacht noch viel heißer brennt als zu irgendeiner anderen Tageszeit.

Amüsier-Charly, der sich mit seiner unglücklichen Liebe nun schon länger rumschleppt als irgendein anderer Kerl am Broadway, nämlich fast schon ein Jahr, seit ihm damals seine Puppe, die Lange Marga, mit diesem reichen Kubaner durchgeht, stimmt so einen Schmachtfetzen von Tommy Lyman an, der wie folgt geht, ganz, ganz langsam und traurig:

> Oh, ist das bitter,
> Alle gehn heim,
> Nur du an der Ecke
> Stehst draußen allein.

Allerdings gibts in diesem Lied keine Stelle, wo Amüsier-Charly sein Bum-Bum anbringen kann, aber dafür kann ich mit meinem schönen Bariton ganz groß loslegen, besonders wenn ich an die Stelle komme, wo es heißt: »Ach, ich wünscht, mein altes Mädel, käm sie doch zu mir zurück.«

Ich will ja nicht von mir behaupten, auch ich könnte die Leute mit diesem Lied so zu Tränen rühren, daß sie tief in den Beutel greifen, wie ich das bei Tommy Lyman in den Nachtlokalen selber erlebe, aber schließlich ist Tommy Lyman ja auch Berufssänger, abgesehen davon, daß er das Lied auch noch selbst für sich komponiert, deshalb taxiert er ganz richtig, daß er mehr dabei rausholt als ich. Aber so viel möchte ich wenigstens doch für mich in Anspruch nehmen: Es ist eine Kleinigkeit für mich, immer mindestens ein halbes Dutzend von den Animierdamen bei Charly hemmungslos zum Heulen zu bringen, wenn ich an die Stelle komme »Ach, ich wünscht, mein altes Mädel, käm sie doch zu mir zurück«, und fünf oder sechs von einem Dutzend Animierdamen zum Heulen zu bringen, dürfte überall als ausgezeichnete Leistung gelten, und ganz besonders bei Amüsier-Charly seinen Animierdamen.

Plötzlich wird die Vordertür aufgerissen, und wer kommt reingeschossen und guckt sich wild im ganzen Laden um? Herzjunge! Und kaum hat er seine Visage ins Lokal gesteckt, als ein Kerl namens Schnorrer-Louis, der in unserm Quartett einen sehr anständigen Tenor singt, aufspritzt und in Richtung Hintertür abhaut.

Aber er ist noch nicht ganz bei der Tür, da hat Herzjunge auch schon das alte Schießeisen gezückt und ballert wang-di-wang-wang auf

Schnorrer-Louis los. Im allgemeinen ist Herzjunge ein ganz guter Schütze, aber hier bei Schnorrer-Louis bringt er nicht mehr fertig, als daß er ihm sein rechtes Ohr wegschießt. Inzwischen kriegt Schnorrer-Louis die Hintertür auf und gibt Fersengeld durch den Hof, allerdings kann Herzjunge ihm grade noch einen Schuß nachjagen, und genau von diesem letzten Schuß bricht Louis eine halbe Stunde später mitten auf dem Broadway zusammen, wo ihn ein Blauer aufliest und in die Poliklinik verfrachtet.

Ich persönlich kriege gar nicht mehr zu sehn, wie Louis' Ohr wegfliegt, denn beim zweiten Schuß bin ich längst zum Eingang raus und spritze die Achtundvierzigste Straße runter, aber die erzählen mir das alles später.

Ich hab nämlich keine Ahnung, daß Herzjunge auf Schnorrer-Louis überhaupt böse ist, und ich wundre mich dauernd, warum er eigentlich auf ihn schießt, aber ich frage nicht weiter, denn wenn einer in New York rumläuft und Fragen stellt, können die Leute leicht auf die Idee kommen, man ist so einer von diesen Kerls, die überall rumspionieren.

Dann treff ich am nächsten Abend zufällig Herzjunge in Bobbys Restaurant, wo er sich grade ein Steak schmecken läßt, und er lädt mich ein, mich zu ihm zu setzen und was mitzuessen. Daraufhin setz ich mich zu ihm und bestelle mir ein Deutsches Beefsteak mit reichlich Zwiebeln drauf, und während ich auf mein Beefsteak warte, redet Herzjunge zu mir wie folgt:

»Ich glaube«, sagt er, »ich muß mich bei euch Kerls entschuldigen, daß ich euer Quartett in die Luft sprenge, als ich gestern auf Schnorrer-Louis losknalle.«

»Richtig«, sage ich, »verschiedene Leute meinen tatsächlich, das ist eine ganz große Gemeinheit von dir, Jack, aber ich taxiere, du hast schon deinen guten Grund dafür, obgleich ich mir gar nicht vorstellen kann, was der wohl sein mag.«

»Schnorrer-Louis ist ein ganz übler Schweinehund«, sagt Herzjunge. So viel weiß ich natürlich auch schon längst, und auch sonst jedermann in New York, aber ich kann mir nicht vorstellen, was das damit zu tun hat, daß Herzjunge Louis sein Ohr wegschießt. Wenn einer in New York rumlaufen und den Leuten nur deshalb die Ohren wegschießen wollte, weil sie Schweinehunde sind, dann wären bald nur noch sehr wenig Leute mit Ohren übrig.

»Laß mich zuerst mal erzählen, was mit Schnorrer-Louis los ist«, sagt Herzjunge, »dann wirst du sofort kapieren, daß mein einziger Fehler darin besteht, daß ich nicht ein paar Zentimeter weiter nach links treffe. Ich weiß gar nicht, was in der letzten Zeit mit mir los ist.«

»Vielleicht drückst du zu schnell ab«, sag ich sehr teilnahmsvoll, denn ich weiß genau, wie sehr ihm das nahegeht, daß er dermaßen leichte Schüsse danebengewichst hat.

»Mag sein«, sagt er. »Aber die Beleuchtung in Charlys Kneipe taugt auch nicht viel. Es ist ein purer Zufall, daß ich Louis mit dem letzten Schuß überhaupt noch erwische, es ist von vorn bis hinten schlampige Arbeit. Aber jetzt will ich dir erzählen, was mit Schnorrer-Louis los ist.

Wir haben damals das Jahr 1924«, so beginnt Herzjunge zu erzählen, »als ich zum ersten Mal nach St. Pierre komme, um ein paar geschäftliche Angelegenheiten zu erledigen, und zwar für John den Boss, Friede seiner Asche, der damals einer der größten Unternehmer in Qualitätsware in den ganzen Vereinigten Staaten ist, besonders was Scotch Whisky betrifft. Vielleicht erinnerst du dich noch an John den Boss, und was das damals überall für einen Stunk gibt, als er in Detroit umgelegt wird? John der Boss ist ein hochanständiger Mensch, und es ist ein schwerer Schlag für viele Mitbürger, wie er damals umgelegt wird.

Also, wenn du niemals nach St. Pierre kommst, dann versäumst du, offen gestanden, nicht viel, denn es ist bloß ein winziges enges Kaff, das gegenüber von Neufundland um ein paar große Felsen rumliegt und von überall her sehr schwer zu erreichen ist. Meistens fährt man von Halifax aus mit dem Dampfer hin, aber ich persönlich lande damals 1924 dort mit John dem Boss seinem Schoner *Maud*, in den wir mehrere tausend Kisten ganz prima Ware laden wollen, die wir für das Weihnachtsgeschäft benötigen.

Als ich St. Pierre zum ersten Mal seh, geb ich keinen Sechser für das ganze Kaff, obwohl St. Pierre natürlich für Leute in unserer Branche sehr brauchbar ist. Es macht nicht viel her, und es gehört zu Frankreich, und fast alle Einwohner sprechen französisch, weil die meisten davon Franzosen sind, und bei den Franzosen ist es scheints Brauch, daß sie französisch sprechen, ganz egal wo sie sind, selbst dort oben, wos nur Fische gibt.

Wie dem aber auch sei, jedenfalls lerne ich auf dieser Reise nach St. Pierre im Jahr 1924 einen alten Kerl namens Doktor Armand Dorval kennen, denn stell dir vor, ich krieg ne Lungenentzündung, und es sieht schon verdammt so aus, als ob ich vielleicht abkratze, noch dazu, wo es in ganz St. Pierre noch nicht mal einen Platz gibt, wo man so ne Lungenentzündung mit einigem Komfort aushalten kann. Aber dieser Doktor Armand Dorval ist ein Freund von John dem Boss, und er nimmt mich in sein Haus auf und läßt mich dort nach Herzenslust krank sein, während er mich verarztet, so gut er kann.

Dieser Doktor Armand Dorval nun ist ein alter Franzose mit einem Bart, und er hat ne Enkelin mit Namen Lily, die um die Zeit, von der ich rede, vielleicht zwölf Jahre alt ist und noch Zöpfe trägt. Ihr Papa, der Sohn von Doktor Armand, fährt eines Tages scheints mal auf Dorschfang zu den Großen Bänken raus, als Lily noch ein ganz kleines Baby ist, und kommt nicht wieder nach Haus, und dann stirbt ihre Mutti auch, und nun zieht der alte Doktor die kleine Lily auf und hat sie wirklich fürchterlich lieb.

Sie wohnen allein in dem Haus, wo ich mit dieser Lungenentzündung liege, und es ist ein nettes, stilles kleines Haus und ganz altmodisch, mit einer schönen Aussicht auf lauter Fischerboote, sofern sich einer aus Fischerbooten was macht. Es ist natürlich der stillste Ort, wo ich je in meinem Leben hinkomme, und es ist der einzige Ort, wo ich mal richtigen Frieden kennenlerne. Eine große fette alte Puppe, die kein Wort Englisch kann, kommt jeden Tag rum und sorgt für Doktor Armand und für Lily, denn Lily ist scheints noch nicht alt genug, um den Haushalt führen zu können, obgleich sie schon eine recht ordentliche Krankenschwester abgibt.

Lily spricht ausgezeichnet Englisch und bringt mir dauernd irgendwas Gutes, und sie sitzt an meinem Bett und schwatzt mit mir über dies und jenes, und manchmal liest sie mir aus einem Buch vor, das *Alice im Wunderland* heißt und das nichts als einen Haufen Lügen enthält, aber stellenweise ist es doch ganz interessant. Aber außerdem hat Lily eine große blonde Puppe mit einem ganz dämlichen Gesicht, die heißt Yvonne, und die muß ich halten, wenn Lily mir vorliest, und ich bin heilfroh, daß die *Maud* wieder nach den Staaten zurückfährt und keine Gefahr besteht, daß einer von den Kerls womöglich bei mir reinplatzt, während ich diese Puppe im Arm halte, denn sonst müßten sie ja denken, ich bin gänzlich überkandidelt.

Als ich endlich wieder soweit bin, daß ich ein bißchen aufstehn und im Haus rumsitzen darf, spiele ich an den Abenden mit Lily Dame, während der alte Doktor Armand Dorval in seinem Schaukelstuhl liegt, seine Pfeife raucht und uns zuguckt, und manchmal sing ich ihr auch vor. Ich darf nämlich von mir sagen, daß ich eine erstklassige Tenorstimme habe, und als ich im Krieg mit der 77. Division in Frankreich liege, bin ich als Quartettsänger immer sehr gefragt. Also sing ich Lily solche Lieder vor wie »Weit, weit ein Pfad sich windet …« und »Mademoiselle von Armentières«, wobei ich bei diesem Lied aber natürlich an gewissen Stellen immer nur ba-ba-bamm mache und die betreffenden Worte nicht direkt ausspreche.

Allmählich fängt Lily an mitzusingen, und unsere Stimmen klingen sehr gut zusammen, besonders wenn wir »Weit, weit ein Pfad sich windet …« singen, was Lily besonders gern mag, und sogar der alte Doktor Armand singt ab und zu mal mit, obwohl seine Stimme allerdings ganz fürchterlich klingt. Auf jeden Fall werden Lily und ich und Doktor Armand wirklich sehr gute Kameraden, und mehr noch, ich lerne auch noch andere Einwohner von St. Pierre kennen und freunde mich mit ihnen an, und sie stellen sich als durchaus keine üblen Menschen raus, die man ganz gern kennt, und es ist bestimmt höchst angenehm, wenn man überall rumwandern kann, ohne fürchten zu müssen, daß jeder zweite Kerl, dem man begegnet, einem eine blaue Bohne zwischen die Rippen jagt, oder daß einen ein Blauer am Ärmel packt und einem erzählt, sie wollen einen gern mal auf dem Polizeipräsidium sprechen.

Endlich bin ich meine Lungenentzündung los und nehme den Dampfer nach Halifax und staune nicht schlecht, als ich feststelle, daß es Doktor Armand und Lily schrecklich leid tut, mich abreisen zu sehn, denn bis dahin erleb ich noch nie, daß ich einen Ort verlasse, wo alle Welt bedauert, mich abreisen zu sehn.

Aber Doktor Armand ist scheints sehr traurig, und er schüttelt mir immer wieder die Hand, und Lily fängt fürchterlich an zu weinen, und eh ich michs verseh, werde ich selber auch ganz traurig und wünsche, ich brauchte nicht abzureisen. So verspreche ich Doktor Armand denn, daß ich eines Tages zurückkommen werde und ihn besuchen, und da stürzt Lily auf einmal auf mich los und gibt mir einen dicken Kuß mitten auf den Mund, und darüber bin ich so platt, daß ich erst eine geschlagene halbe Stunde später dran denke, mir den Mund abzuwischen.

Während der nächsten Monate stecke ich wieder in New York und finde eine Unmenge Arbeit vor und habe keine Zeit, viel an Doktor Armand Dorval und Lily und an St. Pierre zu denken, aber dann kommt der Sommer 1925 ran, und ich bin mächtig runter, weil ich bei dem Zusammenstoß mit Jerk Donavans Verein in Jersey eine Kugel in den Brustkasten kriege, denn inzwischen bin ich ins Biergeschäft übergewechselt und habe nichts mehr mit der Seefahrt zu tun.

Und da denk ich auf einmal wieder an St. Pierre und das stille kleine Haus von Doktor Armand Dorval, und wie friedlich es da oben ist, und es läßt mir keine Ruh, ich muß schleunigst mal nach Halifax sausen, und kurze Zeit danach bin ich wieder in St. Pierre. Ich bringe Lily einen Haufen Zeugs mit, wie zum Beispiel Puppen und Taschentücher und Parfüm und ein Grammophon und für Doktor Armand auch noch einen Satz Rasiermesser, obgleich es mir hinterher leid tut, daß ich ihm die Rasiermesser schenke, weil mir plötzlich einfällt, daß der alte Doktor sich ja gar nicht rasiert und es vielleicht als Wink auffassen könnte, daß ich seinen Vollbart nicht mag. Aber wie sich dann rausstellt, kann der Doktor die Rasiermesser doch sehr gut zum Operieren brauchen, also sind die Rasiermesser schließlich doch noch ein nettes Geschenk.

So verbring ich wieder zwei friedliche Wochen dort oben, geh tagsüber spazieren, und abends spiel ich Dame mit Lily und sing mit ihr zusammen, und es fällt mir verflucht schwer, mich loszureißen, besonders als Doktor Armand Dorval wieder ein ganz trauriges Gesicht macht und Lily diesmal noch viel lauter weint als damals. Deshalb kann ich es von dem Tag an Jahr für Jahr fast kaum erwarten, bis ich wieder auf Urlaub nach St. Pierre fahre, und Doktor Armand Dorvals Haus ist wie mein eigenes Zuhaus, nur viel friedlicher.

Im Sommer 1928 bin ich auf der Durchreise nach St. Pierre mal wieder in Halifax, als mir Schnorrer-Louis plötzlich über den Weg läuft, und es stellt sich raus, daß Louis sich gerade aus Detroit verkrümeln muß, weil er dort irgendwas ausgefressen hat, und er ist völlig abgebrannt und weiß nicht aus noch ein. Ich persönlich halte Louis immer für einen ganz miesen kleinen Ganoven, der nicht mehr Grütze im Kopf hat als ein Kanarienvogel, aber er ist immer piekfein in Schale, besitzt eine geschmeidige Redegabe, und es gibt Kerls, die sogar was für ihn übrig haben. Wie dem auch sei, hier sitzt er jetzt in der Tinte, also was passiert? Ich nehm ihn nach St. Pierre mit, indem ich taxiere, er kann sich dort so lange verkriechen, bis erst mal Gras über seine Geschichte wächst.

Lily und der alte Doktor Armand Dorval freuen sich natürlich furchtbar, mich wiederzusehn, und ich freue mich genauso, sie wiederzusehn, besonders Lily, denn sie ist jetzt ungefähr sechzehn und die entzückendste Puppe, die man sich vorstellen kann, mit ihrem langen schwarzen Haar und ihren großen schwarzen Augen und mit ihrem herrlichen Schwung. Außerdem hantiert sie inzwischen nicht schlecht mit dem Kochlöffel und setzt mir die schönsten Leckerbissen vor, Fischgerichte und was nicht noch alles für gute Sachen.

Aber irgendwie ist alles nicht mehr so, wie es früher in St. Pierre zu sein pflegt, seit dieser Kerl, der Schnorrer-Louis, mit dabei ist, denn er kann den Ort überhaupt nicht ausstehn, und er wandert dauernd ruhelos umher, und die Einwohner zieht er durch den Kakao, vor allem die Puppen, bis ich ihm eines Abends klarmachen muß, er soll seine lose Schnauze halten, wenn auch die Puppen in St. Pierre, mit Ausnahme von Lily, keine solche Schönheiten sind, daß Ziegfeld darüber in Rage geraten würde.

Aber sogar damals, wo St. Pierre noch als Hauptquartier für viele Mitbürger dient, die von dort her ihre Ware anschaffen, besteht immer eine Art stillschweigende Abmachung, daß sich keiner von ihnen irgendwie mit den Puppen von

St. Pierre einlassen darf, einmal, weil den Puppen von St. Pierre die Amerikaner völlig wurst sind, aber mehr noch, weil wir dort keinen Ärger kriegen wollen, und wenn irgendwas prompt zu Ärgernissen führt, dann sind das bekanntlich immer die Puppen.

Ich möchte heute glauben, hätt ich damals nur ein klein bißchen Verstand gehabt, hätt ich sehn müssen, daß Schnorrer-Louis es auf Lily absieht, aber in meiner Vorstellung ist Lily immer noch das Kind mit den langen Zöpfen und bestimmt nicht so eine Puppe, an die sich ein Kerl ranmachen könnte, am wenigsten ein Kerl, der sich mit zu den Unseren rechnet.

Ich bemerke zwar, daß Louis sich dauernd mit Lily unterhält, wenn er nur irgend Gelegenheit dazu hat, und manchmal geht er auch mit ihr spazieren, aber ich finde weiter gar nichts dabei, denn schließlich kann sich in St. Pierre ja jeder mal einsam fühlen und mit jemand spazierengehn, und warum nicht auch mit einer jungen Puppe. Tatsächlich beobachte ich auch niemals das allergeringste an Schnorrer-Louis' Benehmen, das mir fragwürdig vorkommt, außer daß er versucht, sich bei Lily und mir in unsere Singerei einzudrängen, bis ich ihm sage, ein Tenor genügt in jedem Ensemble, und ich persönlich halte Schnorrer-Louis' Tenor tatsächlich für sehr dünn.

Eines Tages wird es Zeit für mich, daß ich wieder fort muß, und ich nehme Schnorrer-Louis mit, weil ich nicht will, daß er allein in St. Pierre rumlungert, zumal auch der alte Doktor Armand Dorval ihn scheints gar nicht ausstehn kann, aber während Lily über meine Abreise genauso traurig zu sein scheint wie immer, fällt es mir auf, daß sie mir zum ersten Mal keinen Abschiedskuß gibt. Aber ich taxiere, das muß wohl so sein, wo sie doch inzwischen schon fast eine junge Dame ist und höchstwahrscheinlich ein bißchen wählerisch darin, wen sie küßt.

Ich lasse Schnorrer-Louis in Halifax zurück und gebe ihm genug Kies, daß er bis Denver kommt, wo er angeblich hingehn möchte, und seitdem seh ich ihn nie mehr wieder, bis neulich nachts bei Amüsier-Charly. Aber fast ein Jahr später, als ich zufällig in Montreal bin, höre ich von ihm. Ich steh in der Halle vom Mont-Royal-Hotel rum und denke an nichts Böses, als ein Kerl namens Bob der Buchmacher, so ne kleine Rennbahntype, mit mir ins Gespräch kommt und Schnorrer-Louis' Namen erwähnt. Das weckt bei mir Erinnerungen an meine letzte Reise nach St. Pierre, und ich überlege mir, daß ich meine alljährlichen Besuche dort noch nie so endlos lange unterbreche wie diesmal und was für verschiedene Gründe mich wohl abhalten, hinzufahren.

Ich höre nur mit halbem Ohr hin, was Bob weitererzählt, der furchtbar auf Schnorrer-Louis schimpft, daß er vor etlichen Jahren seine treuliebende Gattin samt Kindern in Cleveland sitzen läßt, was ich übrigens von Schnorrer-Louis gar nicht weiß. Dann höre ich auf einmal, wie Bob folgendes sagt:

›Er ist überhaupt in jeder Beziehung ein ganz großer Drecksack. Stell dir vor, als er vor vierzehn Tagen von hier abhaut, läßt er doch eine kleine Puppe, die er aus St. Pierre mitbringt, sterbend im Krankenhaus zurück, ohne einen Pfennig Geld. Es ist ne Schmach und Schande.‹

›Moment mal, Bob‹, sage ich und wache mit einem Schlage auf. ›Was sagst du da? Eine Puppe aus St. Pierre? Wie sieht die Puppe aus, Bob?‹ sage ich.

›Na, sie hat schwarzes Haar‹, sagt Bob, ›und ist noch sehr jung und heißt Lily oder so ähnlich. Er treibt sich schon ne ganze Weile mit ihr in Kanada rum. Sie sieht mir so aus, als ob sie die Schwindsucht hat, aber Louis seine Puppen sehn ja immer so aus, nachdem er sie ne Weile hat. Ich taxiere‹, sagt Bob, ›daß sie bei Schnorrer-Louis nie genug zu essen kriegen.‹

Also ist es tatsächlich Lily Dorval, aber noch nie erlebe ich bei einem Menschen eine derartige Verwandlung wie bei der armen kleinen Puppe, die ich da in einem Bett von der Wohlfahrtsabteilung des Montrealer Krankenhauses wiederfinde. Ihrem Aussehen nach wiegt sie nicht mehr als fünfzig Pfund, und ihre schwarzen Augen liegen in tiefen Höhlen, und sie ist überhaupt in einem ganz erbärmlichen Zustand. Aber sie erkennt mich sofort wieder und macht einen schwachen Versuch, mir zuzulächeln. Ich bin damals grade ganz gut bei Kasse und lasse Lily sofort in ein Einzelzimmer legen und besorge ihr so viel Privatschwestern, wie nur erlaubt sind, die besten Ärzte von Montreal und Blumen und was es nur gibt, aber einer von den Doktoren eröffnet mir, es steht eins zu eins, daß sie keine drei Wochen mehr mitmacht, und sieben zu fünf, daß sie keinen Monat mehr durchhält. Allmählich erzählt Lily mir, was damals eigentlich passiert, und es ist dieselbe alte Geschichte, die vor ihr schon Millionen von Puppen passiert und in Zukunft passieren wird. Schnorrer-Louis reist damals gar nicht ab von Halifax, sondern er gaukelt ihr was vor und beschwatzt sie, zu ihm dorthin zu kommen, und so geht sie auch, weil sie ihn liebt, denn so sind die Puppen nun mal, und ich persönlich möchte sie auch gar nicht anders haben.

›Aber‹, flüstert mir Lily zu, ›ich tue da etwas sehr, sehr Schlechtes, ich erzähle nämlich dem armen alten Großpapa, ich treffe mich mit dir, Herzjunge, ich will dich heiraten, denn ich weiß doch, daß er Schnorrer-Louis nicht leiden kann und mir nie erlauben würde, zu ihm zu gehn. Aber dich liebt er, Herzjunge, und er ist so glücklich in dem Gedanken, daß du sein Sohn wirst. Es ist schlecht von mir, Großpapa so ein

Märchen vorzuschwindeln und deinen Namen dabei zu mißbrauchen und ihm dauernd in Briefen vorzulügen, ich bin deine Frau und bin mit dir zusammen, aber ich liebe Schnorrer-Louis und wünsche nur, daß Großpapa glücklich bleibt, denn er ist doch schon so alt. Verstehst du, was ich meine, Herzjunge?‹

Also, das sind für mich natürlich alles sehr überraschende Neuigkeiten, und ich bin tatsächlich ziemlich erschüttert, und was das Verstehen betrifft, so kapiere ich nur, daß Schnorrer-Louis sie hundsgemein behandelt und daß der alte Doktor völlig erschlagen sein wird, wenn er erfährt, was wirklich passiert. Und wie ich so an diesen netten alten Mann denke und daran, daß das einzige Plätzchen, wo ich je im Leben Frieden und Ruhe finde, jetzt zerstört ist, kriege ich eine böse Wut auf Schnorrer-Louis.

Aber das kommt erst später dran, deshalb denke ich einstweilen nicht mehr an ihn, sondern besorge mir schleunigst einen Trauschein und bestelle einen Priester und lasse mich von diesem Priester mit Lily Dorval trauen, und das ist knapp zwei Tage, ehe sie zum letzten Mal zu mir aufguckt, und ein ganz schwaches Lächeln huscht über ihr Gesicht, und dann schließt sie die Augen für immer. Ich muß aber dazu sagen, daß ich bis dahin ebensowenig daran denke, mir jemals eine Frau zu nehmen, wie etwa aus dem Fenster zu springen.

Ich bringe ihre Leiche persönlich nach St. Pierre zurück, und wir beerdigen sie dort auf dem kleinen Friedhof, mitten im dicksten Nebel, und das Nebelhorn tutet traurig dazu, und dann redet der alte Doktor Armand ganz, ganz leise zu mir wie folgt:

›Und jetzt, bitte, sing das Lied von dem weiten Pfad, Herzjunge.‹

So stehe ich denn da in all dem Nebel und sehe höchstwahrscheinlich furchtbar dämlich aus und fange an zu singen wie folgt:

> Weit, weit ein Pfad sich windet
> Bis in mein Traumland hinein,
> Wo süß die Nachtigall singet
> Bei silbernem Mondenschein.

Aber weiter komm ich nicht, denn mich würgt was im Hals, und auf einmal sitze ich neben dem Grab von Mrs. Herzjunge, die Lily Dorval war, und zum ersten Mal, soweit ich mich erinnern kann, heule ich wie ein Schloßhund.

Und das ist der Grund«, so schließt Herzjunge seine Erzählung, »weshalb ich sage, Schnorrer-Louis ist ein ganz übler Schweinehund.«

Ich sitze noch da und überlege, daß Herzjunge tatsächlich recht hat mit Louis, als sein Chauffeur, ein Kerl mit Namen Finger, reinkommt, zu Herzjunge rantritt und ganz leise zu ihm sagt:

»Schnorrer-Louis stirbt vor einer halben Stunde in der Poliklinik.«

»Was sagt er, eh er weg ist?« fragt Herzjunge.

»Keinen Pieps«, sagt Finger.

»Trotzdem«, sagt Herzjunge, »schlampige Arbeit ist es doch, was das betrifft. Ich hätte ihn beim ersten Schuß erwischen müssen. Aber vielleicht hat er so wenigstens noch Gelegenheit, ein bißchen über Lily Dorval nachzudenken.«

Dann wendet er sich zu mir und spricht zu mir wie folgt:

»Ihr Kerls braucht nicht traurig zu sein, daß ihr euern Tenor verliert«, sagt er, »denn ich bin jederzeit gern bereit, für ihn einzuspringen.«

Ich für meine Person bin allerdings nicht der Meinung, daß Herzjunge einen so guten Tenor hat wie Schnorrer-Louis, besonders wenn es drauf ankommt, die ganz hohen Töne in Liedern wie »Süße Adeline« richtig zu bringen, denn er hält sie nicht lange genug, so daß Amüsier-Charly nie mit seinem Bum-Bum einfallen kann.

Aber das sage ich natürlich nur, wenn Herzjunge nicht dabei ist, denn ich weiß ja gar nicht, ob er Schnorrer-Louis nicht überhaupt nur deswegen umlegt, weil er in unser Quartett rein möchte.

NACHBEMERKUNG

DAMON RUNYON, eigentlich Alfred Damon Runyan wird am 4. Oktober 1880 in Manhattan (Kansas) geboren. Nach dem Verkauf der Zeitung läßt sich die Verleger-Familie 1887 in der Nähe von Pueblo (Colorado) nieder, wo Runyon seine Kindheit und Jugend verbringt. Bereits als Schüler beginnt er für einige Zeitungen zu arbeiten und übernimmt das versehentlich gedruckte »o« im Nachnamen.

Runyon wird von der U.S.Army angeworben und auf die Philippinen in den Spanisch-Amerikanischen Krieg geschickt. Er schreibt während seiner Dienstzeit regelmäßig für Zeitungen. Zurück in Colorado arbeitet er als Journalist, geht 1911 nach New York, wird erfolgreicher Sportreporter, läßt den Vornamen Alfred weg und nennt sich nur noch Damon Runyon. In den 1930ern schreibt er Kolumnen, sein Feature »As I see it« drucken alle Zeitungen des Hearst-Imperiums. Er ist zu dieser Zeit einer der populärsten und am besten bezahlten Autoren New Yorks.

Aus der Ehe mit Ellen Egan gibt es zwei Kinder, Mary und Damon junior. 1928 verläßt ihn seine Frau, nachdem sie von seinem Verhältnis mit der Tänzerin Patrice Amati del Grande erfahren hat. Bis 1946 lebt Runyon mit del Grande zusammen – dann verläßt sie ihn wegen eines jüngeren Mannes.

Am 10. Dezember 1946 stirbt Damon Runyon in New York City an Kehlkopfkrebs. Der Kriegsheld Edward Vernon Rickenbacker verstreut seine Asche vom Flugzeug aus über dem Broadway.

Die *Damon Runyon Cancer Research Foundation* geht auf die Initiative seines Freundes und Kollegen Walter Winchell zurück.

Neben seinen Reportagen über Baseball und Boxen schreibt Runyon zahlreiche Kurzgeschichten. Im New Yorker Nachtleben freundet er sich mit Otto Berman, dem Buchhalter und Berater vom Gangster-Boss Dutch Schultz an, der wiederholt in seinen Erzählungen auftaucht. 1931 erscheint eine erste Geschichtensammlung unter dem Titel *Guys and Dolls*.

Viele dienen als Vorlage für Hollywood-Produktionen:

Madame la Gimp / Madame de la Hink
»Lady für einen Tag«, 1933 (Regie Frank Capra), »Die unteren Zehntausend«, 1961 (Regie: Frank Capra, mit Bette Davis, Glenn Ford & Peter Falk) & »Miracles« (Regie: Jackie Chan)

Little Miss Marker / Fräulein Pfand
»Die Glückspuppe«, 1934 (Regie: Alexander Hall, mit Shirley Temple), »Der besiegte Geizhals«, 1949 (Regie: Sidney Lanfield, mit Bob Hope & Lucille Ball), »Ein Rucksack voller Ärger«, 1962 (Regie: Norman Jewison, mit Tony Curtis) & »Ein reizender Fratz«, 1980 (Regie: Walter Bernstein, mit Walter Matthau, Tony Curtis & Julie Andrews)

The Lemon Drop Kid
»The Lemon Drop Kid«, 1934 (Regie: Sidney Lanfield) &
Remake 1951 (Regie: Marshall Neilan, mit Bob Hope)

Princess O'Hara/Prinzessin O'Hara
»Princess O'Hara«, 1935 (Regie: David Burton) & »It's
Ain't Hay«, 1943 (Regie: Erle C. Kenton)

Gentleman, the King
»Professional Soldier«, 1935 (Regie: Tay Garnett)

A Slight Case of Murder (Theaterstück)
»Vier Leichen auf Abwegen«, 1938 (Regie: Lloyd Bacon,
mit Edward G. Robinson)

Little Pinks
»The Big Street«, 1942 (Regie: Irving Reis, mit Henry
Fonda & Lucille Ball)

Butch Minds The Baby/Butch paßt aufs Baby auf
»Butch minds the Baby«, 1942 (Regie: Albert S. Rogell)

Johnny One-Eye
»Johnny One-Eye«, 1950 (Regie: Robert Florey)

Money from Home
»Der tollkühne Jockey«, 1953 (Regie: George Marshall,
mit Dean Martin & Jerry Lewis)

Guys and Dolls, das Musical nach der Erzählung *The
Idyll of Miss Sarah Brown* und Motiven einiger anderer
Erzählungen ist Vorlage für
»Schwere Jungs, leichte Mädchen«, 1956 (Regie: Joseph
L. Mankiewicz, mit Marlon Brando, Jean Simmons &
Frank Sinatra)

Mit Dank an Harry Rowohlt, »Wikipedia« & »Britannica«
                                                    Tini H.